SIMPLES NOTES

SUR LES

ANCIENS THÉATRES

DE ROUEN

Du XVIe au XVIIIe Siècle.

PAR

E. GOSSELIN.

ROUEN.

—

IMPRIMERIE E. CAGNIARD,

RUE PEROIÈRE, N° 29.

—

1863.

SIMPLES NOTES

LES ANCIENS THÉATRES

DE ROUEN

DU XVI AU XVIIIe SIÈCLE INCLUSIVEMENT.

Le théâtre de Rouen, aussi bien que celui de Paris, prend son origine dans les représentations des mystères et des moralités.

On sait qu'à Paris, dès le XIVe siècle, les confréries représentaient des mystères : le 11 novembre 1380, Charles VI, à son entrée solennelle, en vit avec plaisir plusieurs représentations sur son passage et les encouragea par des applaudissements ; mais, le 3 juin 1398, le prévôt de Paris les défendit ; alors les acteurs s'adressèrent au Parlement. Ils obtinrent d'être érigés en *Confrairie de la Passion* ; et leur confrérie fut définitivement reconnue par des lettres patentes que leur accorda Charles VI, le 4 décembre 1402.

Ainsi fut établi le premier théâtre de Paris.

Bientôt les villes de Rouen, d'Angers, du Mans et de Metz se signalèrent à l'envi, et l'on y représenta des mystères avec tout le succès possible (1).

---

(1) *Hist. du Théâtre de Paris depuis son origine.* — Paris, G.-P. Lemercier et Saillard, 1745.

Donc, d'après l'auteur auquel nous empruntons ces détails, à partir de 1402 à peu près, Rouen eut ses représentations théâtrales accidentelles ; mais on comprend combien il serait difficile de suivre ces représentations qui ont laissé peu de traces, et dont, au reste, il suffira de citer quelques exemples pour nous conduire rapidement jusqu'à l'époque où commença réellement la comédie.

Il ne s'agit point ici, d'ailleurs, d'une étude de l'esprit de critique qui créa la comédie chez nous dans ces derniers siècles ; autrement il nous faudrait parler des *Badins* et des *Enfants Sans-Souci*, de Paris ; de l'abbé de *Mau-Gouverne*, de Poitiers ; de la *Mère-folle*, de Dijon ; des *Conards* de Rouen, et de tant d'autres, voire même de la *Basoche* ; car tous ces joyeux compères, à vrai dire, jouaient la comédie à leur manière en signalant les abus, en réclamant contre les vexations, en faisant justice des sottises qu'ils livraient à la risée de tous ; notre rôle est plus modeste : il se réduit à raconter quelques faits.

Le premier est déjà connu, c'est M. Richard, ancien archiviste de la mairie de Rouen, qui l'a découvert. En 1454, aux fêtes de la Pentecôte, la confrérie de Notre-Dame, de Saint-Michel et de Sainte-Catherine, établie au collége des Clercs, représenta le mystère de Sainte-Catherine ; mais les confrères s'étant trouvés entraînés à de grandes dépenses, sollicitèrent les échevins de leur venir en aide. Ceux-ci, voulant témoigner l'intérêt qu'ils portaient à ces jeux, leur accordèrent, d'abord vingt livres tournois, et plus tard un supplément de cent sols tournois.

Le lieu de la scène était la place du marché aux Veaux.

Les échevins, qui tenaient à être bien placés pour leur argent, s'emparèrent de la maison d'un nommé Jehan Marcel, faisant face au théâtre, et s'y installèrent à grands frais, puisqu'ils dépensèrent plus de 100 francs pour la décoration de leurs siéges (1).

Le plus souvent ces représentations duraient plusieurs jours, et les auteurs des mystères en faisaient eux-mêmes la division par 1re journée, 2e journée, 3e journée, plus ou moins.

(1) Archives de la Mairie, reg. des délibérations de 1454.

Aux fêtes de Noël 1474, on représenta le *Mystère de l'Incarnation et Nativité de Nostre Saulveur J.-C.*

Les *Etablies*, ou échafauds, étaient élevés sur la place du Neufmarché; le mystère était divisé en deux journées, la première pour l'Incarnation et la seconde pour la Nativité.

Il y avait quatre échafauds au-dessus desquels des écriteaux indicateurs étaient attachés; on y lisait, en lettres d'or et d'azur, ces mots: Echafaud du paradis, — Echafaud de Jérusalem, — Echafaud de Bethléem, — Echafaud de Rome.

Ces différents théâtres étaient placés ainsi: le Paradis à l'orient de la place, ensuite Jérusalem, puis Bethléem, et enfin Rome qui terminait l'ensemble à l'occident.

Le tout était adossé à l'hôtel de l'Ange, *au septentrion* de la place, et faisait face, par conséquent, à la Seine.

Les grandes fêtes de l'Eglise étaient ordinairement l'occasion de la représentation de quelque mystère, mais d'autres circonstances encore y donnaient lieu; ainsi, elles concoururent toujours à rehausser l'éclat des entrées solennelles de nos Rois et de nos Princes à Rouen. Elles en étaient le complément obligé. La plupart de ces entrées ayant été publiées, il devient inutile d'en parler ici, et ce serait répéter à peu près la même chose, puisque ces représentations et ces entrées se ressemblaient toutes.

Nous passons donc au XVIᵉ siècle, et nous allons bientôt constater une première révolution dans l'art dramatique.

Avant tout, nous déclarons que tous les faits qui vont suivre ont été par nous découverts dans les registres du Parlement et du Bailliage et que nous n'y avons rien ajouté.

En 1502, aux fêtes de Noël, on représenta le mystère de la Passion, le plus important, le plus dispendieux et aussi le plus long de tous les mystères; il comprenait le mystère de la Conception de la Sainte-Vierge, sa nativité, la nativité de J.-C., sa passion et sa résurrection, et se divisait en huit journées sinon quelquefois plus. Cette année-là, la représentation avait été très solennelle et avait entraîné les confrères à des dépenses considérables. En outre des frais généraux qui se payaient en commun, chacun des acteurs avait le droit, mais à ses dépens personnels, de relever l'importance de son rôle par la richesse des costumes, par la décoration de son siége ou de son théâtre. L'engouement et l'ambition aidant, il arrivait souvent que les acteurs entraient bien avant dans cette voie ; de là naissaient souvent aussi de grosses contestations et des procès qui amenaient les parties devant la justice. C'est ainsi que nous y trouvons un sieur Lechevalier plaidant contre un artiste peintre nommé Souldain.

Lechevalier, qui jouait le rôle de Pilate, voulant sans doute augmenter l'importance de ce personnage, s'était lancé dans de grandes dépenses et ne s'était point suffisamment rendu compte des sommes qu'il lui faudrait payer. Du siége de Pilate il avait voulu faire un trône, et pour que rien n'y manquât, il avait chargé Souldain du soin de le décorer des peintures et des dorures les plus belles.

Mais quand Souldain présenta son mémoire en réclamant trente livres pour son dû, Lechevalier jeta les hauts cris, s'indigna, se fâcha, marchanda et n'en voulut payer que la moitié. C'est qu'en effet, trente livres en 1502 c'était plus de mille francs de notre monnaie, et l'on comprend la répugnance de Lechevalier à payer une si grosse somme pour un si vilain rôle. Souldain tint ferme, il appela son débiteur devant le Bailly ; et, après examen des travaux d'art dont le trône de Pilate était surchargé, le magistrat déclara que la somme de trente livres n'était point exagérée, et condamna Lechevalier à la payer. Mais ce dernier, se trouvant mal jugé, porta l'affaire devant le Parlement, et c'est ainsi que, dans un arrêt du 14 mai 1503, nous trouvons et la confirmation de la sentence du Bailly, et les détails que nous venons de donner sur cette représentation du mystère de la Passion.

En 1527, on représenta la « Moralité très excellente à l'honneur de la » glorieuse assumption de Nostre Dame, composée par Jean Parmentier, » bourgeois de Dieppe ; » mais les détails nous manquent absolument sur cette représentation.

A partir de cette époque, les moralités semblent remplacer les mystères, dont on ne trouve plus de traces ; c'est déjà une première transformation dans l'art scénique, et cette transformation s'explique facilement.

La représentation des mystères était toujours très compliquée ; l'action y était morcelée et les auteurs, aussi bien que les acteurs, n'avaient encore aucune idée de l'unité. Leur ignorance était telle à cet égard qu'elle ne leur avait encore pas permis, avant le xvie siècle, de comprendre l'incommodité de ces divers théâtres, sur lesquels chaque scène se trouvait isolée et qui les condamnait à jouer les mystères sur les places publiques et en plein vent ; tandis que les moralités, moins compliquées et conçues sur un plan plus restreint, offraient cet avantage immense de pouvoir être jouées dans un jeu de paume, dans un appartement et même dans une chambre. Aussi doit-on remarquer cette marche progressive et rapide qui, des mystères, franchit en peu de temps les moralités et les pastorales pour arriver à la comédie proprement dite.

Il ne faudrait pas croire que ces fêtes, données « pour la récréation » du peuple et l'amusement des habitants (1), » étaient toujours très pacifiques ; la police, au contraire, y trouvait fort à faire et fut souvent obligée d'intervenir pour réprimer les trop bruyantes expressions de la joie populaire. Cette sapience de nos aïeux, tant vantée de nos jours, était turbulente à ce point que les sergents étaient impuissants à la contenir, et que cette impuissance provoqua de la part du Procureur général, en 1560, des remontrances au Parlement, dans lesquelles il disait : « il » faut que le sergent soit homme de vertu et de force corporelle, suffi-» samment preux et hardi pour faire les appréhensions (2). »

En effet, la moindre circonstance donnait lieu à des rassemblements tumultueux « de gens masqués et embastonnés qui se rendaient de maison en » maison et, sous le prétexte de jouer aux dez, troublaient le repos public (3). »

(1) Arrêt du mois d'octobre 1556.
(2) Arrêt du 5 décembre 1560.
(3) Arrêt de 1513.

Depuis que Louis XII avait rendu l'Echiquier sédentaire et permanent,
cette cour souveraine, plus rapprochée du peuple et par conséquent plus
à portée de connaître ses besoins, s'était appliquée d'abord à organiser la
police de la ville dans laquelle elle tenait ses séances. Les arrêts de
règlement qu'elle rendit sur cette matière sont très nombreux et nous
espérons qu'il nous sera donné de publier un travail curieux sur ce sujet.
Dès 1508 et 1513, elle défendit de *porter masques, nez ou barbes ou autre chose
pouvant déguiser le visage* et de s'assembler masquez ou embastonnez, et elle
ordonna à tous possesseurs de masques, marchands et autres, d'avoir à
porter ceux qu'ils avaient en leurs maisons au Bailly ; et ce, sous peine
de 100 francs d'amende et de punition corporelle.

Ces mesures de police portèrent une grave atteinte aux représentations
théâtrales, car les acteurs ne pouvaient plus revêtir leurs costumes, porter
des barbes, ni s'assembler, sans en avoir obtenu la permission préalable,
et cette permission n'était accordée que difficilement, à cause des rassemblements considérables qui en étaient la conséquence.

Ce fut bien plus difficile encore quand la réforme commença ses menées;
le Parlement devint alors si ombrageux qu'il interdit toute espèce de
rassemblement: bientôt il ne fut plus permis de se trouver réunis « à plus
» grand nombre que trois, » et de nouveaux arrêts, tous plus rigoureux
les uns que les autres, rappelèrent à la stricte exécution de ceux de
1508 et 1513.

Adieu donc aux représentations des mystères et des moralités; adieu
farces et joyeusetés. De longues années vont s'écouler durant lesquelles,
noblesse, bourgeoisie, manants et menu peuple n'auront plus d'autre
spectacle que celui des émeutes, des exécutions, des bûchers, de la
guerre civile, enfin et de ces terribles représailles qui semèrent le deuil et
la désolation dans notre malheureuse patrie....

Cependant en 1556, après que Henri II eut signé à Vaucelles la trève
de cinq ans qu'il venait de conclure avec Charles-Quint, il semble que le
contre-coup s'en était fait sentir à Rouen, car, à cette époque, le Parlement parut entrer dans une voie de tolérance à laquelle on n'était pas habi-

tué. Alors les amateurs de théâtre tentèrent de se réorganiser; mais dans des conditions et sous une forme nouvelles.

C'est ici qu'il faut constater une révolution radicale. Ce ne sont plus les confréries qui vont jouer des moralités, c'est une troupe d'acteurs, la *première qui soit venue* à Rouen. Elle a son directeur et ses décors, et pour assister à ses représentations chacun devra payer *sa place*.

Ce n'est point sur une place publique que la troupe donne ses représentations, mais ce n'est point encore au jeu de paume des Deux-Maures ni à celui des Braques, c'est au jeu de paume portant pour enseigne *le Port de Salut* que nous la trouvons (1).

Elle se compose de neuf individus. Le directeur avait obtenu du Bailly la permission de s'installer au jeu de paume dont nous venons de parler, pour y jouer *la Vie de Job*, et *plusieurs façons joyeuses*. En vue d'une recette abondante, il avait fait de grands frais de décoration, et, depuis deux jours, il s'applaudissait de son succès lorsque tout-à-coup, au milieu de la représentation, deux sergents, rigides exécuteurs des anciens arrêts du Parlement, pénètrent dans la salle, interrompent le *jeu des acteurs* et somment le public d'avoir à se retirer à l'instant.

Alors grand émoi, comme on pense, et grands cris, tant de la part du public qui avait payé et qui, pour son argent, voulait voir jusqu'au bout, que de la part du directeur et de sa troupe, qui voyaient toutes leurs espérances s'évanouir en un instant. Les protestations et les cris n'y firent rien; il fallut s'exécuter et obéir aux arrêts du Parlement.

Mais à cette époque de tergiversations, où la loi de la veille n'était plus celle du lendemain, on ne craignait pas d'appeler du Parlement au Parlement lui-même, et notre directeur n'y manqua point.

L'incident que nous venons de raconter s'était produit dans l'après-midi du 25 octobre 1556, et, le même jour, peu d'instants après, la troupe toute entière se présentait dans la grande salle dorée du Parlement, pour ré-

(1) Malgré d'assez longues recherches, nous n'avons pu découvrir dans quelle rue était situé ce jeu de paume. On pense qu'il était dans la rue du Petit-Salut; mais nous n'en avons pu trouver la preuve.

clamer contre la rigueur des sergents et contre les arrêts qui leur avaient servi de loi. Les noms de ces hommes nous ayant été conservés, nous sommes heureux de pouvoir les faire connaître. Le directeur s'appelait Pierre *Lepardonneur ;* il avait avec lui Toussaint *Langlois,* Nicolas *Lecomte, Jacques Langlois,* Nicolas *Transcart ,* Robert Hurel et *trois petits enfants chantres.*

Ces neuf individus ayant pris place à la barre, et la parole leur ayant été donnée, le chef adressa cette harangue à la Cour :

« Nos Seigneurs,

» Depuis notre installation au Port de Salut jusqu'à ce jour, nous nous
» sommes conduits honnestement et sans nul reproche. Nous avons fait,
» pour la récréation des habitants de cette ville, de grandes dépenses dont
» nous sommes encore redevables. En outre, il nous a fallu acheter des
» draps de soie, des toiles et tant d'autres choses pour la décoration,
» qui ne sont payées, mais qui l'eussent été, si aulcun empêchement
» ne nous eût été donné.

» Nous vous supplions donc, nos Seigneurs, de nous permettre de para-
» chever notre jeu, et nous nous engageons pour l'avenir à ne faire sonner
» le *tabourin* par la ville ne autre instrument faisant bruict, et aussi à
» *communiquer à telles personnes qu'il vous plaira d'ordonner ce que nous avons*
» *intention de jouer.* »

Cette demande, ainsi présentée humblement, était juste et fondée, puisqu'elle avait pour but d'obtenir d'être mis à même de payer des dettes qui n'avaient été contractées que sur la foi de l'autorisation donnée par le Bailly.

Aussi le Parlement se montra-t-il très bienveillant ; mais, toujours prudent, *comme c'était la première fois qu'une troupe se présentait pour jouer en public moyennant sallaire,* il chargea deux docteurs en théologie, frère Mathieu de Landes, provincial des Carmes, et Jehan Lambert, chanoine et pénitencier de Notre-Dame, d'examiner les moralités et farces que Lepardonneur se proposait de faire jouer et de lui en faire un rapport. C'était l'exercice de la censure.

Après cet examen et le dépôt du rapport, la Cour, sur l'avis conforme du Procureur général, prononça l'arrêt suivant :

« Permet aux suppliants d'achever leur jeu ainsi qu'il l'ont commencé, » parce qu'ils ne feront leurs dits jeux que le dimanche après vêpres, » et ne feront sonner le tabourin ne autre instrument faisant bruict pour » assembler le peuple, et aussi qu'ils ne joueront la farce du *Retour de* » *Mariage* et que, *en tous leurs jeux jusques à l'achèvement d'iceux*, se y con- » duiront honnestement et modestement (1).

» Et, les dictes moralités achevées, *défense d'en jouer d'autres* sans nou- » velle permission »

Il serait sans doute intéressant de savoir combien de temps durèrent *ces jeux* et quelles moralités, autres que celles de *la Vie de Job*, on repré- senta. Mais, sur ce point, nos recherches sont demeurées stériles.

L'année suivante, le 27 janvier, nous retrouvons encore Pierre Lepar- donneur aux pieds de la Cour. Il vient lui demander une nouvelle permis- sion ; mais en nous révélant le nom des nouveaux acteurs qui l'accompagnent; il ne nous dit pas si ceux de l'an passé font encore partie de la troupe; les nouveaux acteurs sont : Nicolas *Michel* dit *Martainville,* Nicolas *Roquevent* dit *Leboursier,* Jacques *Caillart.* Le Registre ajoute : *et autres leurs compagnons.*

Cette fois encore, la troupe s'est adressée au Bailly ou juge de police, et lui a demandé de : « jouer en chambre, aux jours de fêtes, moralités, » et farces, pour la recréation du peuple et habitants de Rouen. »

Mais le juge, en accordant la permission, déclara qu'elle ne recevrait son effet qu'après que le Parlement l'aurait sanctionnée, et bien lui en en prit, car cette Cour n'était plus déjà dans les bonnes dispositions de l'année 1556 ; elle était au contraire revenue à ses rigoureux arrêts et les faisait exécuter à la lettre.

Aussi, quand Lepardonneur se présenta, et qu'il vit les visages sévères des magistrats, il comprit qu'il n'avait rien à espérer et n'osa même pas prendre la parole. Il se borna à présenter l'autorisation du Bailly avec les réserves qu'elle contenait, puis il attendit.

(1) Registre du Parlement, 25 octobre 1556.

Son attente ne fut pas longue ; car, sans même consulter la Cour, le Président refusa tout net l'autorisation, et il ajouta : « La Cour défend « très expressément de jouer farces ni moralités, de faire sonner tabou- » rin ne autres instruments faisant bruict *parce que* ces divertissements » entraînent à de vaines et inutiles dépenses, et ordonne que les arrêts de » 1508, 1513, 1536, 1550 et 1551 seront exécutés. »

Il n'y avait pas à insister, ni à se méprendre sur la cause du refus, car si la misère était grande alors et si, justement, le Parlement s'en préoccupait, il avait de bien autres inquiétudes encore. L'horizon s'assombrissait de plus en plus, et l'on voyait poindre déjà, dans les progrès de la réforme, les troubles qui ne tardèrent pas d'éclater.

De longtemps, en effet, il ne devait plus être question de représentations théâtrales. L'émeute dans les rues, la guerre civile, allaient remplacer, durant près d'un demi-siècle, ces naïves récréations populaires.

C'est donc d'un seul bond qu'il nous faut franchir cette longue période de cinquante années, afin de chercher, parmi les soudards des armées licenciées, les acteurs qui devront essàyer de reconstituer le théâtre.

Comme toujours, ce fut Paris qui donna le signal. Oubliant promptement les terribles épreuves qu'il venait de traverser, Paris se reprit aux plaisirs et voulut rire. Les confrères de la Passion recommencèrent à donner des représentations, et bientôt des comédiens ambulants parcoururent les provinces. Il en vint à Rouen dès la fin du xvie siècle, ou au moins tout au commencement du xviie ; mais alors il n'était plus question des mystères, et les moralités elles-mêmes étaient remplacées par les pastorales, qui devenaient seules de mode ; puis bientôt la comédie s'essaya. On dit que, vers cette époque, le normand Gauthier Garguille vint à Rouen ; ce fait nous est révélé par M. Canel, de Pont-Audemer, dans un travail qu'il a publié récemment (1).

Nous sommes forcés d'avouer que, malgré de très longues recherches, nous n'avons que très peu de documents sur le théâtre de Rouen durant la

(1) *Revue de la Normandie.* — Numéro du 30 avril.

première moitié du xviie siècle ; mais au moins pouvons-nous affirmer que si , chaque année, des comédiens vinrent à Rouen pour y donner des représentations, il existait une autre classe d'individus qui les suppléait au besoin , et qui souvent leur faisait une assez sérieuse concurrence ; c'était la classe des *opérateurs*.

En effet, après les guerres civiles, tant d'hommes avaient perdu l'habitude du travail et pris goût à la vie aventureuse des camps, que beaucoup, au lieu de rentrer dans leurs foyers, voulurent continuer cette vie oisive et commode, et exploiter la crédulité des peuples en frappant leur imagination par des récits mensongers faits avec emphase, par l'étrangeté et le clinquant du costume, par l'étalage d'une science soi-disant acquise dans de longs voyages et par de prétendues découvertes de remèdes infaillibles.

Quand on voit, de nos jours, avec quelle avidité le peuple se presse encore autour des charlatans qui se montrent sur nos places publiques, on peut se rendre compte de l'enthousiasme qui accueillait les opérateurs au commencement du xviie siècle. Aussi, le nombre en allait-il toujours croissant. Beaucoup d'entre eux, pour attirer plus sûrement la foule, se mirent à jouer la comédie, et nous les voyons très souvent, chaque année, et plus particulièrement aux époques des foires de la Pentecôte et de Saint-Romain, obtenir du Parlement la permission d'établir un théâtre , tantôt *pour y vendre leurs remèdes,* tantôt *pour y jouer la comédie et vendre leurs remèdes* (1). C'était sur les quais qu'ils s'établissaient de préférence. Il serait assez curieux de citer ici quelques-uns des faits et gestes de ces faiseurs de dupes; mais nous craindrions que l'abondance des documents nous entraînât trop loin (2).

Il en est un cependant dont il faut dire un mot, parce qu'il se présente muni d'un titre sérieux. C'est un sieur Vitriario. Il est porteur de lettres patentes du Roi qui l'autorisent à *jouer la comédie dans toutes les villes du Royaume* et à y vendre ses remèdes; ces lettres patentes avaient une telle importance aux yeux de Vitriario qu'il crut pouvoir s'installer et *monter sur*

(1) Sentence du 22 février 1632.
(2) Nous nous réservons de parler des opérateurs dans un travail spécial.

le théâtre sans autre formalité. Mais il en fut empêché par les sergents, et il dut se résigner à présenter humblement sa requête au vicomte de Rouen, qui, du reste, lui accorda sans difficulté la permission qu'il avait si tardivement demandée.

Quelques années auparavant, une troupe célèbre était venue à Rouen ; son directeur était le fameux Mondory ; et M. Taschereau, dans le premier volume des œuvres de Corneille, dont la publication a été malheureusement retardée, nous révèle une assez curieuse circonstance de la vie de notre grand poète Rouennais. Il dit que Mondory se trouvant à Rouen avec sa troupe, en 1628, Pierre Corneille lui donna communication de sa première comédie, *Mélite*, avec invitation de la faire représenter dans notre ville ; mais que Mondory, après l'avoir examinée, l'ayant jugée « digne d'un autre » parterre, se rendit à Paris pour l'y faire jouer (1). »

C'est là un fait curieux et assurément important pour l'histoire de notre théâtre, mais dont nous n'avons pu trouver la moindre trace dans nos archives.

Ne voulant pas, ainsi que nous l'avons déjà dit, nous occuper davantage des opérateurs-comédiens, nous serions obligés de franchir un grand nombre d'années sans fournir aucun renseignement sur le théâtre, si M. de Beaurepaire, archiviste du département, ne nous avait pas fourni lui-même les moyens de combler en partie cette grande lacune.

Il a trouvé dans les registres de l'Hospice-Général que des versements avaient été faits au bureau des pauvres par les comédiens aux époques suivantes :

Le 15 juillet 1650, les comédiens du Jeu de paume des Deux-Maures ont versé 82 livres 12 sous.

Le 28 juillet 1651, la troupe de Laurent Conseil, seigneur d'Argueil, qui avait joué une comédie au même Jeu de Paume, en versa le produit au receveur de l'Hôtel-Dieu.

Le 11 août 1652, une somme de 91 livres 17 sous fut versée par une autre troupe qui était en représentation établie au même Jeu de Paume des Deux-Maures.

(1) Œuvres complètes de Pierre Corneille, t. 1er, Janet, 1855.

Aux mois de janvier 1653 et de juillet 1654, de nouveaux versements furent faits par d'autres comédiens.

La troupe de Marais, qui donna des représentations en septembre 1656 et en août 1657, fit, chaque année, un versement dans la caisse des pauvres.

Enfin, les comédiens de Son Altesse, en 1658, donnèrent une représentation au bénéfice des pauvres.

Ces renseignements sont déjà connus, puisque M. de Beaurepaire les a publiés lui-même, et, que d'un autre côté, ils ont trouvé place dans le premier volume de l'histoire des Théâtres de Rouen, en cours de publication ; mais nous devions les rappeler ici, en les attribuant à leur auteur, pour nous conduire plus facilement et plus sûrement jusqu'à l'époque à laquelle nous pourrons nous appuyer tout-à-fait sur des documents suivis.

Les documents de M. de Beaurepaire nous conduisent d'année en année jusqu'en 1668, et ils établissent que les comédiens venaient de préférence donner des représentations aux mois de juillet, août et septembre.

Ainsi qu'on l'a pu remarquer, jusqu'en 1658, il paraît que le Jeu de Paume des Deux-Maures fut le théâtre préféré ; il était situé rue des Charrettes, au bas et à l'encoignure de la rue Herbière.

Il existait cependant un autre Jeu de Paume, grand et vaste aussi, où l'on pouvait jouer et où l'on joua la comédie, c'était celui des Braques ; il était au bas de la rue du Vieux-Palais.

Nous avons dit que, jusqu'en 1658, le Jeu de Paume des Deux-Maures paraît avoir été préféré ; mais à partir de cette année, nous croyons que celui des Braques le fut à son tour et qu'on y joua *exclusivement* la comédie. En effet, depuis cette époque jusqu'en 1696, nous ne trouvons plus qu'il soit fait mention du Jeu de Paume des Deux-Maures comme *théâtre* ; tandis qu'au contraire nous trouvons celui des Braques continuellement désigné par ce mot : *la Comédie,* et quand nous raconterons l'événement qui ramena les acteurs aux Deux-Maures, on comprendra mieux sur quelle base repose notre opinion.

Ce serait donc, suivant nous, sur le théâtre des Braques que Molière aurait joué, lorsque, en 1658, revenant de Grenoble et retournant à Paris, il s'arrèta à Rouen ; à plus forte raison pensons-nous que ce fut sur ce même théâtre que joua La Champmeslé lorsqu'elle débuta en 1668 (1).

Il est maintenant certain pour nous que, depuis au moins vingt années, tous les ans, dans l'été, quelque troupe venait s'établir à Rouen et y passait un mois et même deux en représentation. De nombreuses sentences de police en font foi, et voici comment :

Depuis longtemps, l'insolence et la turbulence des laquais étaient proverbiales. Partout où quelque circonstance donnait lieu à une réunion, on était certain d'y voir les laquais en grand nombre, et leur tenue était telle que très souvent le juge de police et le Parlement lui-même durent intervenir pour réprimer leur inconduite et leur enjoindre plus de circonspection. Soit au palais, soit à l'église, les laquais faisaient du bruit et causaient du scandale ; mais ce fut bien pis au théâtre où chacun payait sa place et achetait ainsi une certaine égalité qui ne se trouvait pas ailleurs. Aussi fallait-il voir et entendre surtout ces gens de livrée, comme on les appelait, allant et venant, causant haut, et tenant entre eux, d'un bout de la salle à l'autre, des conversations dans lesquelles les intrigues des maîtres étaient racontées ; tandis que d'autres laquais apostrophaient et chargeaient de leurs quolibets tous ceux auxquels il leur plaisait de s'attaquer.

Les choses en vinrent à ce point que l'on dut leur interdire l'entrée de la comédie et qu'il ne leur fut plus permis d'y assister que lorsqu'ils accompagnaient leurs maîtres ; mais dans ce cas encore il n'était tours qu'ils ne fissent.

Ainsi, le 13 février 1676, à la Comédie (c'est-à-dire au Jeu de Paume des Braques) (2) la représentation fut troublée par un de ces incorrigibles.

Un grand seigneur, le sieur de Saldaigne de Bardouville, était tranquillement assis et, tout yeux et tout oreilles, il ne perdait pas un geste des acteurs, pas un mot de la pièce. Sa grande perruque flottait sur ses épaules et

(1) On trouvera plus loin, alors que nous parlerons de la présence de Frétillon à Rouen, en l'année 1739, quelques détails sur la troupe de Molière jouant *Psyché*, en 1658.

(2) Sentence du vicomte de Rouen du 13 février 1676.

recouvrait en partie le dossier de son siége. Depuis un moment l'actrice en scène semblait captiver son attention d'une manière toute particulière et déjà plusieurs fois il l'avait applaudie du geste et de la voix ; mais son enthousiasme l'exaltant de plus en plus, il voulut l'exprimer plus énergiquement encore et se leva tout droit en lançant un bravo dont la dernière syllabe expira dans sa gorge. Pourquoi ? c'est qu'un insolent laquais, qui l'observait sans doute, avait trouvé plaisant d'appuyer ses deux coudes sur le dossier du siége et avait ainsi retenu la perruque du seigneur de Bardouville, qui n'avait montré qu'un chef déprimé à l'actrice dont il avait espéré de fixer l'attention.

Quelle ne fut pas sa confusion à cette déconvenue ! Tous les regards fixés sur lui, les rires dont il fut l'objet mirent le comble à sa colère, que le valet coupable eût encore augmentée, si cela eût été possible, par le ton railleur de sa défense ; car il osa bien dire que ce n'était pas lui qui avait causé ce désagrément à un si grand seigneur, mais bien *la marchande d'oranges de la Comédie*, qui, en passant, et par forme d'agacerie, lui avait tiré les cheveux !

A ce propos, le seigneur offensé répondit par une grêle de coups de canne sur ce mauvais plaisant, qui se sauva le visage ensanglanté. L'affaire n'était point finie cependant, car peu d'instants après le coupable valet revint suivi de sa maîtresse, Mme la présidente de Bosmeslet et du seigneur de Montfort, qui demandèrent au sieur de Bardouville raison de ses brutalités ; lequel, chose étrange, eut encore à se défendre devant le Bailly criminel des coups qu'il avait donnés au laquais de Mme la présidente.

C'était ainsi que, par une protection maladroite, les seigneurs encourageaient leurs valets dans les plus intolérables excès.

Cependant le lieutenant criminel ne cessait de les poursuivre ou de les menacer par des ordonnances spéciales, auxquelles néanmoins ils n'avaient nul égard.

Depuis que l'entrée de la Comédie leur avait été défendue, ils s'en vengeaient en déchirant les affiches, et, en 1686, deux comédiens, Clavel et de Ravily, en ayant surpris un en flagrant délit, le conduisirent droit en prison. Cette fois encore la protection du maître vint se placer entre la justice et le coupable. Le valet appartenait au sieur Daumesnil, conseiller au Parlement. Celui-ci, aussitôt, de son autorité privée, se fit ouvrir les portes de la prison et emmena son serviteur.

Mais le lieutenant criminel, outré de ce procédé, fit reprendre le coupable, lui fit son procès et rendit à son sujet une nouvelle ordonnance dont voici quelques passages :

« Vu l'information faite à l'encontre du laquais du sieur Daumesnil, » lequel, au préjudice des ordonnances qui défendent à tous laquais *d'entrer* » *dans la Comédie, d'insulter les personnes qui y vont, et d'arracher les affiches* » *des comédiens...* le condamne, etc.

» Et faisant droit aux plus amples conclusions du procureur du roi, fai- » sons itératives défenses à tous laquais d'entrer ni s'attrouper *devant ni* » *proche de la porte de la Comédie* (toujours au Jeu de Paume des Braques) ni » d'arracher les affiches des comédiens sous peine de punition corporelle et » de dommages-intérêts, *desquels les maîtres et maîtresses demeureront respon-* » *sables.* »

C'était tailler dans le vif, et l'on pouvait espérer que, grâce à cette espèce de solidarité établie entre les maîtres et les valets, on obtiendrait enfin la tranquillité.

Cependant l'année suivante, presque jour pour jour, des troubles graves eurent lieu à la Comédie (1); les laquais, furieux de l'interdiction prononcée contre eux, résolurent d'y entrer de force. A cet effet, ils se réunirent au nombre d'une centaine et assiégèrent le Jeu de Paume des Braques. Nous allons laisser Sébastien *Chabier, portier de la Comédie*, nous raconter lui-même l'événement de la soirée.

Il dit que, « le 13 janvier 1687, à six heures et demie du soir, étant à *la porte* » *de la Comédie comme à son ordinaire*, s'y présentèrent plus de cent laquais et co- » chers attroupés, saisis de bastons, quelques-uns desquels il connaît de vue, » mais ne sait leurs noms et ne peut dire là couleur de leurs livrées, pour » entrer dans la Comédie ; leur ayant refusé la porte, ils voulurent de force

(1) Inutile de dire que ceci se passe au Jeu de Paume des Braques.

» et violence y entrer, et, pour les en empêcher, on fut obligé de fermer la-
» dite porte, contre laquelle ils jetèrent une infinité de pavés et même de
» la glace, en sorte qu'ils la cassèrent et brisèrent, et pour faire retirer les-
» dits laquais et cochers, quelques gentilshommes qui entendaient la
» comédie furent obligés de sortir l'épée à la main, ce que voyant tous
» les susdits, ils se sauvèrent du côté du Vieux-Palais en jetant des
pierres. »

Huit témoins furent entendus sur cette affaire, mais le portier les résume
tous.

D'après les quelques faits qui précèdent, il nous paraît maintenant bien
établi que le Jeu de Paume des Braques était devenu la véritable salle de
spectacle ; il avait même perdu son nom primitif, puisqu'on le désignait par
celui-ci : la Comédie.

Mais un fait particulier va le prouver bien mieux encore : c'est l'établissement au *Jeu de Paume des Deux-Maures, de l'Académie de Musique ou Opéra,
en concurrence avec la Comédie.*

Aux termes d'un contrat passé devant Mouffle et Brechet, notaires au
Châtelet de Paris, le 15 septembre 1688, Bernard Vaultier, *seigneur des chants,*
se rendit acquéreur des priviléges que Louis XIV avait successivement accordés au célèbre Lulli et à Franchini, son gendre. Porteur de ces titres,
Vaultier vint à Rouen pour y établir une académie de musique.

C'était au mois de décembre 1688. Pour tout détail sur cet établissement,
nous donnons le texte de la curieuse requête que Bernard Vaultier, *seigneur
des chants,* présenta au lieutenant-général de Brèvedent ; cette requête,
rédigée par lui-même, est tout entière de son écriture :

« Supplie humblement Bernard Vaultier, seigneur des chants,

» Disant *qu'animé d'un zèle de gloire, de plaisir et d'utilité* pour votre ville,
» il aurait conçu le dessein d'y établir une académie royale de musique,
» vulgairement dite opéra, recherché en conséquence et obtenu finalement
» le privilége de Sa Majesté pour cet effet, comme il appert par tous les *actes*
» *authentiques* ci-attachés ;

» Ce considéré, Monseigneur, il vous plaira accorder au suppliant la per-

2

» mission de s'établir en quel lieu il trouvera bon être ; y *faire construire un*
» *théâtre avec toutes ses dépendances,* ensemble une barrière au-devant de l'en-
» trée ; représenter pendant tout le temps et dans les mêmes jours qu'on re-
» présente à Paris, Bordeaux, Toulouse, Lyon, Marseille et autres villes du
» royaume, où il y a de pareilles académies ; prendra telle somme qu'il
» jugera à propos ; établir des gardes et autres gens nécessaires aux portes,
» tant pour la sûreté publique que pour la tranquillité de ladite académie,
» avec très expresses inhibitions et défenses à toutes personnes de quelque
» qualité et condition qu'elles soient d'y entrer sans payer, ni faire aucune
» violence, conformément au privilége de Sa Majesté. »

Après avoir vérifié tous les titres produits par Vaultier, le lieutenant-
général accorda l'autorisation par une ordonnance du 8 janvier 1689 dans les
termes où elle avait été demandée.

L'Académie royale de Musique était désormais fondée légalement ; il ne
restait plus qu'à faire construire le théâtre qui devait la recevoir ; mais
c'était là le plus difficile pour le seigneur des chants, qui n'était pas riche,
et qui, malgré l'emphase de ses discours, n'inspirait qu'une confiance mé-
diocre aux financiers de l'époque.

Tout considéré, puisque l'argent lui faisait défaut, il songea que le Jeu
de Paume des Deux-Maures pourrait remplir son but, aussi bien que l'eût
pu faire le théâtre spécial qu'il avait rêvé ; il s'aboucha donc avec le propriétaire, lequel se montra d'autant mieux disposé à traiter avec lui que
depuis longtemps son immeuble n'était plus occupé qu'accidentellement ; et
ce fut sans doute à cette occasion que l'on construisit les loges, les galeries et le paradis, et que l'on donna ainsi au Jeu de Paume les apparences
d'un véritable théâtre ; on fit plus encore, car Vaultier aimait l'apparat ; on
plaça au-dessus de la porte d'entrée une plaque en marbre noir avec ces
mots, gravés en lettres d'or : *Académie royale de Musique.*

Peu de temps après, Vaultier fit l'ouverture de son *Académie et Opéra* par la
tragédie de Phaëton, mise en musique, dont les partitions furent imprimées à
Rouen, d'après le permis qu'en donna le lieutenant-général.

C'était là, sans doute, une redoutable concurrence pour les comédiens du

Jeu de Paume des Braques ; car, dans ces temps-là comme aujourd'hui, on se laissait facilement séduire par la nouveauté, et le titre pompeux d'Académie royale de Musique qui resplendissait au fronton du Jeu de Paume des Deux-Maures, était bien propre à lui attirer la préférence du public.

Aussi, voyez la puissance des mots ! les comédiens des Braques ne trouvèrent rien de mieux, pour contrebalancer le prestige de l'Académie de Musique, que de changer le nom de Comédie en celui d'Opéra.

En effet, à partir de 1689, on ne trouvera plus jamais d'autre appellation que celle-là ; vous ne verrez pas non plus de comédiens ; tous les acteurs, ceux de l'Académie de Musique comme ceux de la Comédie, s'intitulent maintenant *acteurs de l'Opéra*.

Nous ne saurions dire quelle fut la durée de l'Académie de Musique ; nous savons seulement, par une ordonnance de police, qu'elle durait encore le 11 janvier 1690, puisque deux laquais furent punis pour le trouble par eux causé à la sortie à *dix heures et demie du soir*.

Après avoir suffisamment établi l'existence simultanée des deux théâtres, il nous reste à faire connaître à quelle époque et par suite de quelles circonstances le Jeu de Paume des Deux-Maures devint l'unique salle des spectacles, ou, comme on disait alors, le seul Opéra de Rouen.

Le 17 mars 1696, le sieur *Pierre, directeur de l'Opéra*, avait réuni ses acteurs pour faire la répétition d'une *pièce nouvelle appelée Alceste*, afin de la pouvoir jouer le lendemain qui était un dimanche. La répétition, commencée à six heures, était terminée à neuf heures, et à dix heures tout le monde était parti.

Pierre et son fils avaient eu la précaution, avant de se retirer, de faire perquisition exacte partout, ainsi qu'ils en avaient l'habitude et qu'ils n'y avaient jamais manqué depuis que l'*Opéra* était sous leur direction.

Cependant « à onze heures, le feu était partout, et à cinq heures du matin, » malgré le secours des habitants, il brûlait encore et ne s'éteignit que par la chûte des *combles, lesquels, en tombant, étouffèrent ce qui restait de l'incendie* (1).

(1) Procès-verbal du Conseiller-Commissaire, dressé le 18 mars 1696.

Du Jeu de Paume des Braques il ne restait plus rien que les quatre murs.

Quant au mobilier, aux costumes, aux décors, ils avaient été complètement détruits, et le pauvre Pierre n'avait plus rien qu'un procès en perspective.

Le propriétaire voisin de l'Opéra était un sieur Godefroy, échevin de la ville et raffineur de sucre. Sa raffinerie, contiguë au Jeu de Paume, ayant été quelque peu endommagée par l'incendie, il s'en prit au directeur de l'Opéra, et ce fut à sa requête que le procès-verbal dont nous venons de parler fut dressé.

Mal lui en prit, cependant, car de l'enquête et de l'expertise il résulta la preuve que le feu avait commencé dans la raffinerie et s'était communiqué à l'Opéra ; mais ce procès nous importe peu et nous n'y voulons puiser que quelques renseignements sur le sujet qui nous occupe.

D'après le procès-verbal des experts, le Jeu de Paume des Braques, dont les quatre murs étaient construits en pierres de taille et moëllons, représentait un carré long. Il avait 94 pieds de longueur et 31 pieds de largeur, de dedans en dedans. L'intérieur était divisé en théâtre, amphithéâtre et loges ; ces dernières étaient construites en bois *peint à l'huile*, et les cloisons étaient en bois de sapin recouvertes de toiles gommées. Les décors étaient en toiles gommées. Ce procès-verbal, dressé en présence du sieur de Boisguilbert et des parties, constate en outre que l'on jouait aux Braques *la comédie* et *l'opéra*.

Mais c'en est fait, désormais on ne parlera plus ni du directeur Pierre, ni du Jeu de Paume des Braques, tous deux sont ruinés et le Jeu de Paume des Deux-Maures va reprendre son ancien éclat.

Ici se dressent deux questions difficiles : qu'était devenu le *Seigneur des Chants* Vaultier et son académie ? Existaient-ils encore l'un et l'autre en 1696 ?

A défaut de documents certains, nous préférons laisser ces deux points sans réponse ; mais ce qui nous est démontré, c'est que Vaultier, en introduisant la musique au théâtre de Rouen, développa en même temps le goût des amateurs pour l'opéra, et força ainsi ses successeurs à y donner satisfaction. On ne disait plus : Allons à la Comédie; on disait : Allons à l'Opéra.

Avant de quitter le jeu de paume des Braques, nous avons essayé de donner une idée de ce qu'il était.

Maintenant que nous voilà entrés dans celui des Deux-Maures, et que nous n'en sortirons que quand il aura cessé d'être, tâchons de nous rendre à peu près compte de son importance.

C'était un grand bâtiment qui avait sa porte d'entrée dans la rue des Charrettes (1), mais non sa façade, car il fallait, pour y parvenir, suivre une longue et étroite allée qui traversait tout le corps de logis derrière lequel il se trouvait. Il était « *entouré et enfoncé de toutes parts* » *par des maisons immédiatement contiguës* (2). » Tout était en bois ; les murailles «*étoient* » *composées de poteaux très distants les uns des autres et dont les intervalles étoient* » *garnis de clayes légèrement enduites de plâtre.* »

Mais, depuis que Vaultier y avait établi son Académie royale de musique et son opéra, le propriétaire avait dû y faire exécuter de grands travaux d'intérieur et en changer les distributions. Voici comment les places étaient graduées : les premières s'appelaient : *balcon* et *théâtre* — les secondes étaient marquées : *premières loges* et *amphithéâtre* ; — puis venaient les balcons des secondes loges, les secondes loges et le parterre.

Pour accéder à ces diverses places il n'existait qu'un seul escalier très incommode, et trop étroit pour sa destination.

Le personnel attaché à *l'immeuble* se composait d'un concierge, d'un tailleur, de deux receveurs et d'une ouvreuse de loges (3).

Enfin nous empruntons, pour compléter, quelques lignes à l'*Histoire des théâtres de Rouen*, mais en laissant à l'auteur la responsabilité de son allégation qu'il ne justifie par aucune citation : il assure « que le jeu » de paume devenu la comédie pouvait contenir environ 750 personnes,

(1) Vis-à-vis la rue Herbière et non pas à l'encoignure, ainsi que cela a été dit par erreur dans le numéro de la *Revue* de février 1863, page 34.

(2) Arrêt du Parlement du 27 janvier 1782.

(3) Procès-verbal du 11 avril 1715.

» savoir : 400 au parterre, 24 dans chaque gradin de l'un et de l'autre
» côté du théâtre, 32 sur les bancs destinés au public dans l'orchestre,
» 90 dans l'amphithéâtre, 24 dans chaque balcon et 120 au paradis. »

Nous ne contestons pas l'exactitude de ces détails, mais nous croyons
très fortement qu'ils s'appliqueraient mieux à l'état dans lequel se trouvait
ce théâtre après de nombreuses améliorations, vers 1760, qu'à l'époque
dont nous parlons, c'est-à-dire, entre 1696 et 1710.

Quant au parterre, il résulte de nombreuses sentences de police, qu'il
avait été destiné, dès l'origine, à contenir 400 personnes, et qu'il fallut
souvent sévir contre les directeurs qui ne craignaient pas d'y entasser
jusqu'au double du possible.

Depuis une époque très ancienne, le jeu de paume des Deux-Maures appartenait à la même famille. En 1696 il était possédé par le sieur Haillet
de Couronne, le sieur Jean-Claude Thomas, escuyer, Conseiller du Roi,
Maître ordinaire en sa Cour des comptes, aides et finances, et par la demoiselle Haillet.

En 1715 l'immeuble n'avait pas changé de mains.

Depuis quelques années, le sieur Denise et la demoiselle de Merville
étaient directeurs de l'opéra ; mais il paraît que, dès ce temps-là, les directeurs faisaient difficilement de bonnes affaires, car ceux-ci ne pouvaient
même pas payer le loyer de la salle.

Ils avaient fait bail moyennant un loyer de dix-huit cents livres par
année. L'année étant échue depuis longtemps déjà, et les propriétaires
de l'opéra ne pouvant obtenir que de belles paroles de leurs directeurs,
à la fin se lassèrent, et le 12 avril 1715, avec l'autorisation de la justice,
ils envoyèrent deux sergents pour saisir les meubles, les costumes et la
recette.

Mais les pauvres sergents, comment furent-ils reçus ? Le sieur Denise et
la demoiselle de Merville savaient parfaitement l'art de payer ses dettes,
et les deux sergents l'apprirent à leurs dépens.

Afin de ne pas manquer leur prise, nos sergents se présentèrent à
l'opéra à six heures et demie du soir, alors que la représentation était com-

mencée. Ce fut le tailleur de l'opéra qui les reçut. Ils commencèrent leur saisie par la caisse en délivrant deux exploits au sieur Montaillers et à la demoiselle Renou , *tous deux receveurs du dit opéra* ; mais le tailleur ayant prévenu le directeur Denise, celui-ci arriva promptement et, fort en colère, apostropha les sergents en ces termes : « *Mordié, bougre, apprends* » *ton devoir, et que l'on ne saisit pas dans une maison royale comme celle-ci.* »

Le sergent Grimouin se contenta de répondre modestement, mais résolument, qu'il avait ordre de laisser commencer et finir la représentation, et qu'il ne la troublerait pas ; puis il tourna le dos et alla tranquillement s'asseoir dans un coin pour attendre la fin.

Mais bientôt arrivèrent d'autres acteurs et la demoiselle de Merville. Alors tous s'attaquèrent aux sergents, les accablèrent d'injures, puis à coups de pied , à coups de poing , de bastons et d'épées, les jetèrent à la porte.

Ainsi se termina l'opération.

Nous n'avons pas cru devoir rechercher quelles furent les suites du procès auquel donna lieu cette affaire , mais nous faisons remarquer ces mots ⸱de Denise : *on ne saisit pas dans une maison royale comme celle-ci* , et nous en concluons qu'ils faisaient allusion à la plaque de marbre que Vaultier avait fait placer au-dessus de la porte, et qu'elle y était encore à cette époque.

Il ne faut pas croire, ainsi qu'on l'a écrit, que ce ne fut qu'en 1757 qu'il y eut bal à l'Opéra de Rouen. Dès 1716, et même auparavant, les directeurs offraient de ces fêtes au public vers les jours gras.

En voici un exemple : le lundi, 24 février 1716, *à cinq heures du matin*, les sieurs Groulard de Torcy et Couture de Chamacourt *sortaient du bal de l'Opéra*, lorsqu'ils furent assaillis par des laquais qui les frappèrent à coups de flambeaux et de porte-flambeaux (1).

On voit en même temps par ce fait que la haute société fréquentait l'Opéra. En effet, les jeunes seigneurs aimaient à y porter leur désœuvrement et à y poursuivre leurs intrigues. Ils aimaient aussi la compagnie des

(1) Plainte et ordonnance du 24 février 1716.

acteurs et surtout celle des actrices. On fermait les yeux sur ces folies de jeunesse ; mais en 1717, le Parlement se montra fort scandalisé de la conduite de l'un de ses membres, lequel, oubliant le caractère dont il était revêtu, s'était lié avec les comédiens à tel point, qu'il ne les quittait plus. Partout et en tous lieux on le voyait avec eux, enfin il était signalé comme leur soutien et camarade. De tous côtés des plaintes étaient adressées contre lui au procureur général. Enfin ce dernier en fit rapport à la Cour, et le magistrat coupable fut mandé à comparaître devant ses pairs pour y rendre compte de sa conduite, après quoi il fut admonesté sévèrement « *tant pour la passé que pour l'avenir.* »

En 1718, une troupe sans directeur avait pris possession de l'Opéra et l'exploitait en société ; elle avait rédigé des statuts et un règlement que tous avaient accepté et signé. Un article du règlement portait que tout acteur, qui manquerait à une répétition, paierait une amende de 25 sols.

Cependant François-Félix Delorme, seigneur de la Cour, semblait se faire un jeu de s'abstenir non-seulement des répétitions, mais encore de faire défaut aux représentations qu'il se plaisait ainsi à faire manquer. Un jour, entr'autres, on devait jouer *Rodogune*, la salle était comble et le public, impatient, attendait le lever du rideau ; un quart-d'heure, une demi-heure de retard étaient déjà passés ; le public frappait des pieds, sifflait, criait, la toile ne bougeait pas. Le mécontentement, cependant, allant toujours croissant et menaçant de tourner au tragique, la toile se leva et un des acteurs parut, mais non pour jouer la pièce attendue. Il venait simplement supplier le public de prendre part à l'embarras de la troupe qui ne pouvait commencer en l'absence du sieur Delorme, chargé de remplir l'un des rôles les plus importants.

Sur ce, la toile retomba et le public fit un tel vacarme qu'on s'en ferait, encore aujourd'hui, difficilement une idée.

La société des acteurs fit immédiatement signifier à Delorme qu'il cessait de faire partie de la troupe ; mais celui-ci n'accepta point ainsi son congé. Il appela ses co-associés devant le bailly et prétendit qu'on n'avait pas le droit de l'exclure, ni même de lui retenir sa part de la recette ; puis il réclama 60 l., prix de l'habit à la romaine qu'il avait fait faire pour son rôle. Enfin il dit qu'il n'avait manqué à la représentation de *Rodogune* que parce que Legrand, principal acteur de la pièce, lui avait dit qu'il n'y viendrait pas ; que, du reste, il consentait payer les 25 sols d'amende pour avoir manqué aux répétitions.

Le bailly décida que Delorme ne serait point expulsé, qu'il serait tenu de jouer et qu'il lui serait payé sa part de la représentation manquée ; mais que, s'il recommençait, il serait exclu de la société.

L'année suivante, une troupe dirigée par un sieur Gautier remplaça l'association de l'année précédente. Ce Gautier nous révèle un fait assez curieux : c'est que, dès cette époque, 1719, le directeur de l'Opéra avait un privilége sur les opérateurs qui venaient s'établir dans la ville, puisque nous voyons qu'un sieur Beaufort, médecin-opérateur, en demandant au lieutenant général de police la permission de s'installer, déclare s'être mis préalablement en règle avec le sieur Gautier, directeur de l'Opéra (1). Ces sortes de priviléges étaient encore accordés par le roi, et ce ne fut que plus tard que les gouverneurs des province furent autorisés à les délivrer en leur nom.

En 1729, apparaît un sieur Missoty. C'est le premier directeur de théâtre que nous trouvons porteur de privilége du roi pour *représenter la comédie avec sa troupe* dans toutes les villes du royaume (2). Aussi se croyait-il si fort de son privilége qu'il prétendait s'installer et représenter sur le théâtre de Rouen, sans qu'il lui fût nécessaire d'en demander la permission au lieutenant-général de police ; mais il dut s'y résigner et il s'installa le 4 juillet avec la permission du bailly.

Remarquons, en passant, que, contrairement à ce qui a été écrit, ce n'est point de *préférence*, mais plutôt *exceptionnellement*, que les troupes d'acteurs arrivent au mois de juillet ; car depuis 1676, Missoty est le premier qui soit venu en été. C'est que depuis 1676, en effet, tous les ans, quelque troupe est venue passer son quartier d'hiver à Rouen, et que le théâtre depuis cette

(1) 15 septembre 1719, — sentence de police.

(2) Ordonnance du 4 juillet 1729.

époque y est devenu pour ainsi dire permanent, tandis qu'antérieurement ce n'était qu'accidentellement et en revenant des foires que les comédiens ambulants s'y arrêtaient et y donnaient quelques représentations.

Dans ce temps-là, et jusqu'à l'établissement du Théâtre-des-Arts, il était d'usage, après la dernière pièce, de relever le rideau pour annoncer la représentation prochaine.

Un jour, c'était le 14 janvier 1739, l'acteur Delamotte était venu comme d'habitude annoncer la représentation du dimanche ; mais dans son empressement, il avait oubié de boutonner son habit. Aussitôt des huées, des cris l'accueillirent; habit boutonné! criait-on. Le malheureux se boutonna et se retira ; mais furieux, il se rendit au *Café de la Comédie*, y rencontra deux jeunes gens, leur chercha querelle, et le lendemain il reçut un coup d'épée.

Nous n'avons mentionné cet incident que pour constater l'usage d'annoncer tel qu'il existait alors. Nous nous sommes interdit dans ces notes de rien dire de plus que ce qui résulte des pièces authentiques et inédites que nous avons sous les yeux, et cela parce que, nous le répétons, nous n'avons pas la prétention d'écrire l'histoire des théâtres de Rouen, mais simplement de faire connaître quelques faits qui s'y rattachent.

Cependant, nous croyons devoir noter ici qu'il résulte d'un livre publié par M. Gaillard de la Bataille et intitulé : *Histoire de la vie et mœurs de Mlle Cronel dite Frétillon*, écrite par elle-même, qu'en 1739, elle jouait la comédie à Rouen, en même temps que l'acteur Delamotte. Nous ajoutons, d'après M. H.-A. Soleirol (1), qu'il est démontré que Molière, arrivé à Rouen avec sa troupe, aux fêtes de Pâques 1658, y joua la comédie pendant six mois et qu'il joua *Psyché*. Sa troupe, réunie à celle de Ducroisy, se composait de quarante-deux acteurs dont voici quelques noms : M. et Mme Béauval, Brécourt, Gassand, sieur Ducroisy, Marie Clavareau, femme de Ducroisy, Mlles Hervé et Biet, Mme Dorimont, Mlle Fleury, Mlle Guyot, Mme Lalande, Lenoir, Levert, Rosidor et sa femme, Samoïse, Saint-Dédier, Sainte-Marthe, Sanin, Sinianis, Lathuillerie, Vallée, Ville et Jodelet. — Armande Béjart remplissait le rôle de Vénus dans *Psyché*.

(1) *Molière et sa troupe*, Paris, 1858.

En 1739, le théâtre de Rouen avait pris plus d'importance ; l'autorité semblait même y prendre part et le protéger. Ce n'était plus le roi qui accordait le privilège, c'était le gouverneur de la province.

Mais nous voici en 1740, époque de transformations et de progrès : Lecat, depuis longtemps, a ouvert son amphithéâtre ; Descamps va ouvrir son cours public de dessin ; l'Académie de Rouen s'organise et crée le jardin botanique, en un mot les esprits sont en travail et chacun veut apporter son grain de sable à l'édifice nouveau. Ne serait-il pas permis de penser que, dans le plan des améliorations sociales rêvées et préparées par les hommes qui vivaient alors, le perfectionnement du théâtre était compris ? C'est notre opinion, et ce qui la fortifie encore ce sont les encouragements, les imprudences même, prodigués par l'autorité au profit d'une entreprise dont nous allons raconter les détails.

Une troupe de comédiens, après avoir séjourné assez longtemps à Nantes et y avoir contracté de grosses dettes, avait formé le dessein de venir se refaire à Rouen. Son directeur, Nicolas Dubuisson, était venu en avant pour examiner le terrain et sonder les autorités. Dubuisson, qui prenait le titre de directeur d'opéra, obtint facilement du duc de Luxembourg, gouverneur de la province, le privilège des théâtres de notre ville ; mais sa troupe, aussi bien que ses costumes et les décors, étaient restés en ôtage à Nantes, arrêtés et saisis par les créanciers, et Dubuisson était seul à Rouen, avec un privilège qu'il ne pouvait exercer. Il ne lui manquait donc qu'une chose pour appeler à lui ses acteurs et dégager ses costumes et ses décors, c'était de l'argent.

Mais Dubuisson était un homme de ressources et il le prouva. Sans un sou vaillant, il voulut se faire tout d'un coup un capital de *douze mille livres*, et voici comment.

Il présenta au gouverneur, qui l'accepta, l'autorisa et le protégea, un projet de loterie. Cette loterie se composait de quatre mille billets à trois livres ; il devait y avoir douze lots gagnants ; chaque lot gagnant donnait droit à une entrée gratuite au théâtre *pendant toute l'année*, à quelque place que le gagnant voulût choisir, et avec droit de transporter son lot à qui bon lui semblerait.

Après le tirage, tous ceux qui n'auraient pas gagné pourraient, avec leur billet, entrer une fois au spectacle aux premières loges, ou deux fois aux secondes, ou trois fois au parterre ; « *mais quant aux balcon et théâtre,* le » prix de ces places étant de 4 l. 16 sols, il faudrait joindre 24 sols au billet » pour avoir droit de s'y asseoir. »

C'était, comme on le voit, parfaitement imaginé et se procurer douze mille livres sans débourser un denier. Mais le gouverneur, en accordant son autorisation, y mit cependant quelques conditions. Il exigea que Dubuisson s'engageât par écrit à ne pas toucher au capital que devait produire la loterie, parce que ce capital demeurerait spécialement hypothéqué et délégué à ceux qui fourniraient les sommes nécessaires : 1° pour obtenir la main levée de la saisie pratiquée à Nantes sur les costumes et décors de l'opéra; 2° pour les faire transporter à Rouen ; 3° pour payer aux *pensionnaires* et engagés de la troupe les sommes qui leur étaient dues. Dubuisson signa tout ce qu'on voulut et il s'engagea en outre à ne détourner quoi que ce fût des dits fonds, avant que toutes les dettes fussent payées : le tout, est-il dit dans l'acte, *pour assurer l'établissement du spectacle à Rouen.*

A cet acte intervint le sieur *Pinot,* lequel, comme fondé de pouvoirs de ses camarades les pensionnaires et engagés restés à Nantes, déclara accepter les engagements de Dubuisson (1).

Le tirage de la loterie fut d'abord fixé au 20 mai.

Le 17, Dubuisson, prétendant que divers obstacles l'avaient empêché de se mettre en mesure, demanda et obtint de remettre le tirage au 10 juin.

Mais le public rouennais n'avait pas montré un bien grand enthousiasme à l'endroit de la loterie, car, le 10 juin, *un si petit nombre de billets avait été pris,* qu'il n'était pas possible de songer à tenter le tirage.

En conséquence, on afficha que la grande opération était irrévocablement fixée au 30 juin, époque à laquelle le tirage se ferait, quel que fût le nombre de billets placés « *parce que tous les sujets de l'opéra étant arrivés,* l'ou-« verture du théâtre ne pouvait être retardée au-delà du 25 juin. »

Cependant, le 27 juin, le théâtre n'était pas ouvert et Dubuisson écrivait

(1) Registre de la police, 1er mai 1740.

au lieutenant-général de Police « que le nombre des billets placés étant « trop insuffisant pour qu'on pût songer à faire le tirage, *et même n'en « pouvant espérer davantage par le refroidissement du public*, il le priait d'or- « donner que ceux qui ont pris des billets iront reprendre leur argent en « remettant leurs billets, d'autant plus que *l'opéra étant prêt à débuter*, ces « billets seraient de nulle valeur, depuis qu'*à la demande du public* le prix des « places a été changé et fixé ainsi : les balcons et théâtre, à 5 l.; — les pre- « mières loges et amphithéâtre, à 3 l.; — les balcons des secondes loges, « à 2 l.; — les secondes loges, à 30 sols ; — et le parterre à 20 sols. »

Tout cela fut autorisé et exécuté ; et bientôt il ne fut plus parlé de la loterie.

Le jeudi 30 juin, la troupe débuta, Dubuisson, malgré ses efforts, n'avait pu être prêt pour le jour de la fête de Pierre Corneille qu'il avait espéré pou- voir solenniser. Il eût été bien intéressant de connaître les détails de cette journée, mais on comprend qu'à défaut de journaux, les renseignements sont rares et difficiles à rencontrer, et nous sommes condamnés à ne rien savoir sur ce point.

Quoique Dubuisson eût augmenté le prix des places, sa situation finan- cière était restée très mauvaise ; l'avortement de sa loterie l'avait laissé sous le coup des poursuites de ses créanciers, au nombre desquels figurait toute sa troupe. Il devait un mois à chacun de ses acteurs et, malgré ses pro- messes, il ne pouvait pas toujours parvenir à leur faire prendre patience.

Ainsi, le 5 juillet, à la troisième représentation, un de ses acteurs lui fit publiquement une avanie atroce.

La pièce était commencée, et Derufosse, l'un des acteurs, entrait en scène pour chanter ; mais au lieu de cela, il s'avance vers le public et déclare tout haut qu'il ne chantera pas si Dubuisson ne lui paie son mois à l'instant. On juge l'effet que dut produire un tel incident ; il n'était pas fini cepen- dant. Dubuisson vint sur la scène à son tour ; il déclara que si Derufosse voulait se trouver le lendemain à l'assemblée des acteurs, il ferait connaître ce qui lui était possible de faire quant à présent. Cette interruption ayant été promptement connue des autres acteurs, ils arrivèrent tous sur la scène aux derniers mots de Dubuisson et déclarèrent d'une seule voix accepter sa proposition.

Derufosse seul persista à ne pas vouloir chanter. Alors le tumulte fut au comble ; les cris, les trépignements , les sifflets obligèrent à baisser le rideau qui ne se releva plus de la soirée.

L'affaire n'en resta pas là. Derufosse fut appelé devant le lieutenant-général de police, qui lui ordonna d'avoir à remplir convenablement son rôle dans la représentation qui devait avoir lieu le 7 du même mois.

Mais Derufosse ne tint aucun compte de cette injonction ; car, ce soir-là, au lieu de se rendre à son poste et de remplir son rôle, il se présenta au bureau d'entrée, y prit un billet et vint se camper fièrement parmi les spectateurs qu'il narguait, aussi bien que Dubuisson et le lieutenant-général de police lui-même, en disant qu'il ferait tomber l'opéra.

Des scènes semblables se renouvelèrent jusqu'au 12 juillet., mais à cette date (1) une sentence de police y mit fin en ordonnant contre Derufosse des mesures assez bizarres pour que nous ayons cru devoir les reproduire textuellement : « Le siége condamne Derufosse à un mois de prison pendant » lequel il sera conduit à ses frais par les huissiers, chaque jour, au lieu et » heure des représentations, pour y exécuter ce qui lui sera prescrit par le » directeur du spectacle, et reconduit ensuite à la prison. *Et dans le cas où* » *il refuserait , sa détention sera augmentée de huit jours à chaque refus de repré-* » *sentation ou de répétition.* De tout quoi, procès-verbal sera dressé par les » huissiers de service ; autorise le directeur à retenir les appointements » de Derufosse depuis le jour de son refus jusqu'au jour où il recommen- » cera à remplir ses engagements ; réserve Dubuisson à demander des » dommages-intérêts. »

Les appointements de Derufosse étaient de 800 fr.

On comprend combien il devenait difficile à Dubuisson de marcher à travers tous ces obstacles ; il lutta cependant avec la plus grande énergie jusqu'à la fin de 1741, époque à laquelle il succomba complètement et abandonna son entreprise. Mais ne doit-on pas accorder quelques regrets à cet homme mal-

(1) Registre de la police, 12 juillet 1740.

heureux, ne fût-ce que pour ses bonnes intentions ; car depuis 1690, c'est-à-dire depuis le *Seigneur des Chants* Vaultier, Dubuisson est le premier directeur qui ait tenté d'établir le théâtre permanent à Rouen. Il est donc juste de lui réserver une place distinguée parmi tous ceux qui l'ont précédé.

Après Dubuisson vint un sieur Antoine ; celui-ci n'était qu'un pauvre directeur que ses acteurs abandonnèrent presque au début de la campagne. Il fut réduit pendant quelques mois à sous-louer la salle des spectacles, tantôt à des physiciens, tantôt à des acrobates. Mais comme il n'avait obtenu le privilége qu'à la condition qu'il ferait jouer la comédie, il dut chercher à y satisfaire. D'abord il traita avec un sieur Hue, chef d'une troupe ambulante. Celui-ci s'engagea à commencer ses représentations le 1er juillet ; mais juillet et août s'écoulèrent sans que le sieur Hue donnât signe de vie.

Alors une autre troupe se présenta. Elle était dirigée par Mme Eulalie-O'Hélie Toscano, épouse de l'acteur Delamotte qui reçut un coup d'épée le 15 janvier 1739, dans les circonstances que nous avons rapportées plus haut. Dans cette troupe figuraient les acteurs Gervais et Chevrier.

Après de long débats entre Antoine et la dame Toscano, femme Delamotte, et des sentences du juge de police motivées par le premier engagement du directeur Antoine avec le sieur Hue, la troupe de la dame Toscano débuta le 3 septembre 1742.

Mais c'était là une pauvre troupe et qui ne dura guères.

En 1743, une autre lui succéda. Le directeur était un nommé Duchemin. Parmi ses acteurs se trouvaient les sieur et dame de Mermont. Comme Dubuisson, Duchemin était venu de Nantes à Rouen, et comme lui, il y avait laissé des dettes. Il y eut même entre un banquier de Nantes, Duchemin et les époux de Mermont, un procès qui, commencé en 1743, ne se termina qu'en 1745 par un arrêt du Parlement (1).

La direction Duchemin dura jusqu'au printemps de 1744, et nous l'aurions passée sans autre mention si, à l'occasion d'un trouble apporté par un ivrogne à la représentation du 28 janvier 1744, une sentence de police du 29 (2)

(1) 24 février 1745, *Registre du Parlement*.

(2) Police du Bailliage, 29 janvier 1744.

ne nous avait révélé que ce jour-là on jouait la *Tragédie de Pygmalion*. Ce procès nous apprend encore que le spectacle commençait avant six heures du soir, puisqu'au moment de l'incident le premier acte était terminé et qu'il n'était que six heures. Nous y voyons encore que chacune des loges contenait au moins quatre personnes, car l'ivrogne dont il s'agit, qui n'était autre qu'un officier du régiment de Noailles, voulait s'introduire, lui cinquième, dans l'une de ces loges, malgré l'ouvreuse *qui en avait la clé*.

Au mois d'octobre 1745, la direction du théâtre passa entre les mains du nommé Louis Hur-Desforges. Se conformant à l'ordonnance du lieutenant de police, Desforges, avant de commencer la représentation, fit visiter le théâtre par le sieur Demontjoy, architecte expert des bâtiments de la ville. Le procès-verbal de cet expert nous révèle la vétusté du monument en ces termes : « Sous le théâtre nous aurions remarqué qu'il est d'ancienne cons-
» truction, qu'il aurait eu quelques étais de remis et que nous croyons être
» encore en état de servir ; sommes ensuite montés sur le théâtre où nous
» aurions remarqué qu'il est en assez bon état, suivant ce que devant est
» dit. Ensuite avons entré dans les premières loges lesquelles peuvent sub-
» sister, quoique d'ancienne construction. Nous aurions visité les secondes
» loges, lesquelles nous paraissent dans le même état. Sommes après
» montés dans le cintre, auquel, dans une des rues sur la droite, il doit
» être mis une planche de 16 pieds de long et de 14 pouces de large, et
» une autre à côté de 9 pieds de long. Nous avons ensuite remarqué le
» plafond régnant depuis le bord du théâtre jusqu'au bout de l'amphithéâtre,
» qui à 44 pieds de long et 22 1/2 de large, lequel est totalement en vétusté
» et menace de péril imminent pour être le dit plafond chargé de quantité
» de vidanges. Nous estimons qu'il doit être refait à neuf avec un nouveau
» chassis qui sera recouvert de toile comme le précédent. Les cheminées du
» foyer sont en bon état ainsi que les autres. »

En octobre 1746, la direction fut confiée à deux personnages associés : Rémond-Baltazard Dourdet et Gabriel Girault. Ces deux individus introduisirent au théâtre de Rouen un élément nouveau : le *ballet* ; ils jouaient en outre l'*opéra-comique* et la *pantomime*. L'autorisation qu'ils obtinrent portait sur ces trois points, et, de plus, elle les obligeait à fournir au commissaire de police la liste de tous les acteurs et actrices qui devaient faire partie de la troupe. C'est ainsi que la liste est arrivée jusqu'à nous (1).

Comme la précédente, la direction Dourdet et Giraud fit visiter le théâtre, et le procès-verbal qui en fut dressé le 13 octobre 1746, constater que des réparations ont été faites nouvellement tant au théâtre qu'à l'amphithâtre, aux loges et aux balcons. Seulement, il remarque que le plafond est maintenu par des cordages, assez solidement pour la sûreté du public. Ce procès-verbal indique encore que douze tonneaux remplis d'eau étaient placés *au-dessus et au-dessous* du théâtre pour le cas d'incendie.

Cette troupe, autorisée seulement jusqu'au 1er janvier 1747, n'a pas laissé d'autres traces de son passage.

Une autre lui succéda l'année suivante, et jusqu'en 1751, aucune direction sérieuse n'essaya de s'établir.

En 1751, au mois d'octobre, Jean-Baptiste-Claude Rousselet obtint le privilége de la direction pour l'année 1751-1752. Ses débuts furent brillants et sa troupe, assez bien composée, fit concevoir de belles espérances pour le quartier d'hiver. Comme son prédécesseur, il jouait l'opéra, la tragédie et la pantomime, et comme l'avaient fait Dourdel et Girault, en 1746, il avait joint le ballet à son programme. Cette direction fit merveilles durant quelques mois ; mais, en janvier 1752, ses tribulations commencèrent et ce fut un ballet qui en devint l'occasion. En effet, le dimanche 11 janvier, on devait donner le *ballet pantomime du Vieillard rajeuni*, dont on parlait beaucoup alors et que depuis longtemps le public rouennais demandait ; mais deux des acteurs principaux, le sieur Deschamps et la demoiselle Deschamps, ne vou-

(1) Rémond-Baltazard Dourdet et son épouse. Gabriel Giraud. Théodore Dupré. Madeleine Chouselet et Antoine Chouselet, son frère. Marie Beaurepaire. Marie Laferté. Nicolas Chonville. Pierre Dorgonne. Marie Herminier. François Roland. Pierre Journé. Marie Emilie. Bernard Borde. François Beote. Pierre Morisot. François Foupré. André Lacouture.

lurent point jouer et firent manquer la soirée. Rousselet eut toutes les peines imaginables à calmer son public, et n'y parvint qu'en annonçant que le jeudi suivant cette pièce serait jouée certainement ; mais il avait promis plus qu'il ne pouvait tenir, car, le jeudi, les sieur et demoiselle Deschamps firent de nouveau défaut. Que devint alors le pauvre Rousselet quand il se vit seul pour tenir tête à l'orage ; quand il vit, quand il entendit éclater comme un tonnerre la colère du public ? Il se sauva et courut se réfugier dans les bras de la justice en lui demandant protection et vengeance. Il obtint l'une et l'autre à la date du 26 février suivant, par une ordonnance du lieutenant-général de police (1), qui prononçait contre les sieur et demoiselles Deschamps : 1° 650 l. de dommages-intérêts pour la représentation manquée du 11 janvier ; 2° 1,000 l. pour celle du jeudi suivant ; 3° 1,500 l. de dommages-intérêts pour le tort que ces deux événements avaient causé à Rousselet, et 4°, enfin, 1,000 l. pour le dédit encouru par les coupables aux termes de leur engagement dont ils n'exécutaient pas les dispositions.

Certes, la justice s'était montrée généreuse à l'égard de Rousselet, mais ce fut sans profit pour lui. Les sieur et demoiselle Deschamps étaient en fuite, et le pauvre directeur ne put rien obtenir d'eux. Cette affaire lui fit le plus grand tort, car ne pouvant pas donner satisfaction aux réclamations du public qui voulait le ballet du *Vieillard rajeuni*, il perdit rapidement ses bonnes grâces et ne fit plus que végéter jusqu'au moment où, à bout de ressources, il prit le parti de se sauver lui-même en courant après les sieur et demoiselle Deschamps.

Comme cela était déjà arrivé quelquefois précédemment, après le départ de ce directeur, le théâtre resta fermé pendant plus d'une année. De temps à autre seulement, il y vint des acrobates, des lutteurs ou des physiciens ; puis en 1755, pendant l'hiver, un combat d'animaux dirigé par les sieurs Baratte, Place et Lenoir, remplaça l'opéra. Baratte était maître du combat ; Lenoir se qualifiait modestement de Mathématicien, et Place faisait les équilibres. Il n'est pas sans intérêt de faire connaître au moins une de leurs annonces ; celle du 31 mars, par exemple, disait : « qu'ils feraient couper la tête à un

(1) Police du Bailliage, 26 février 1752.

» jeune taureau par un boucher ; qu'ils la feraient voir aux personnes qui
» les honoreraient de leur présence, et qu'ensuite ils reposeraient la dite
» tête au corps du dit taureau, qui remarcherait après et combattrait contre
» des chiens. »

- Certes, il y avait là de quoi piquer la curiosité, et nos industriels le savaient bien, aussi n'avaient-ils pas manqué d'augmenter le prix des places.

Cependant le lieutenant-général de police ayant vu dans l'annonce qu'on vient de lire quelque chose qui approchait beaucoup de l'escroquerie, fit amener devant lui les trois personnages ; mais, toutefois, après que la farce avait été jouée, et il les condamna en chacun 50 livres d'amende *pour en avoir imposé dans leurs affiches et trompé le public.*

Revenons maintenant au théâtre, car il va entrer dans une nouvelle phase. Nous trouvons enfin un directeur sérieux qui saura garder longtemps la direction et, par une administration sage et éclairée, établir un théâtre permanent en y apportant de nombreuses améliorations.

Bernault (François) avait obtenu le privilége du théâtre de Rouen dans le courant de l'année 1755. Après que les bâtiments eurent été visités par l'expert de la ville et que le propriétaire y eut fait faire les travaux de consolidation reconnus indispensables, aussi bien que les changements et les améliorations que Bernault avait exigés, celui-ci s'installa ; ces travaux avaient demandé beaucoup de temps et l'on arriva jusqu'à la fin de l'année 1756. Nous ne pouvons indiquer précisément à quel jour la troupe Bernault fit la réouverture du théâtre, mais nous pensons qu'elle coïncida avec la rentrée du Parlement ; c'est-à-dire vers le 11 ou le 12 novembre.

Dès le commencement de décembre, Bernault avait annoncé que le 29 il ferait jouer l'*Orphelin de la Chine.* Or, cette pièce n'avait jamais été jouée à Rouen, et sa mise en scène exigeait des dépenses extraordinaires.

Depuis plus de 40 ans, le prix des places avait toujours été le même sauf les cas extraordinaires où, par circonstance, le lieutenant-général de police avait permis de l'augmenter, comme, par exemple, cela avait eu lieu pour Dubuisson en 1740. Ces prix étaient donc restés : à 4 liv. 16 sols pour le balcon et le théâtre ; — à 3 liv. pour les premières loges ; — à 30 sols pour les secondes et à 20 sols pour le parterre.

Bernault croyant que ces prix ne lui permettraient pas de rentrer dans ses frais, avait mis sur ses affiches qu'il priait le public de trouver bon que le prix des places fût augmenté. Mais il avait oublié de demander au lieutenant-général de police l'autorisation pour ce nécessaire ; c'est pourquoi, le 22 décembre, une ordonnance de police lui enjoignit *de faire représenter l'Orphelin de la Chine* sans augmentation du prix des places, et pour avoir affiché son intention à cet égard, le condamna à 6 liv. d'amende envers le Roi.

Bernault se le tint pour dit : mais il ne jugea pas nécessaire de faire pour cela de nouvelles affiches, puisque l'ordonnance de police était affichée ; il se contenta de défendre à son buraliste de rien exiger au-dessus des prix ordinaires. Alors il se produisit quelque chose qui prouve combien Bernault était devenu sympathique au public ; on voulut à toute force payer l'augmentation. Le buraliste, ne sachant à qui obéir, renvoya le public au directeur, et celui-ci eut à subir un assaut de générosité dans lequel, à la fin, il se laissa vaincre, tout en protestant contre la violence qui lui était faite. Il fut obligé de recevoir, à son domicile, les sommes qu'on lui apportait en disant : « nous nous reprocherions toujours de n'avoir pas payé une augmentation » si bien justifiée par les dépenses extraordinaires que vous avez faites. (1) » Pour éviter le renouvellement de ces luttes dangereuses pour lui, et aussi pour se mettre à couvert devant le lieutenant-général de police, il fit *ajouter sur les affiches que les anciens billets seraient seuls reçus et sans aucune augmentation de prix.*

Tout ceci s'était passé le 28 décembre, veille de la représentation annoncée pour le 29, et l'empressement du public à prendre ses billets si longtemps à l'avance, aussi bien que son entêtement à payer l'augmentation, prouvent à quel degré l'enthousiasme était monté.

Cependant, le lendemain 29, le marquis de Puiségur, qui commandait la garnison de Rouen, ayant appris ce qui s'était passé, d'une part, entre le lieutenant-général de police et Bernault et, d'autre part, entre Bernault et le public, fit appeler le directeur à son hôtel et lui dit : « que, pour la tran- » quillité publique au théâtre et pour la représentation qui devait y être

(1) Police du Baillage, 28 décembre 1756.

» donnée le soir, il jugeait nécessaire qu'il n'y eût qu'un prix, le prix de
» l'augmentation *désirée par le public*, et qu'il allait en donner la consigne
» écrite à ses soldats et la faire afficher. »

En effet, à 2 heures trois quarts, des sentinelles étaient placées à la porte
et aux bureaux du théâtre ; et trois affiches signées : *de Puiségur*, portaient
« défense aux officiers et aux sentinelles de laisser entrer personne sans
» payer le prix d'augmentation, *suivant l'usage pratiqué en cette ville en
» pareil cas.* »

A quatre heures, les bureaux étaient assaillis de demandes de billets.
d'un côté Bernault défendait de recevoir l'augmentation ; de l'autre côté, se
tenait un grenadier de France qui ne laissait entrer que ceux qui la
payaient.

Au milieu d'un pareil conflit, Bernault se trouvait bien embarrassé, mais
il en riait sous cape néanmoins, puisque, en définitive, c'était à son profit
que la lutte devait tourner ; cependant, en homme prudent qu'il était, il fit
savoir au commissaire de police la violence qui lui était faite, puis il courut
au greffier du Bailliage et y passa la déclaration des faits qu'on vient de lire,
en ajoutant qu'il était prêt à faire de l'augmentation ainsi reçue malgré lui,
tel usage qu'il plairait à justice d'ordonner.

Enfin, après tant de vicissitudes, l'heure de lever le rideau arriva. Est-il
besoin de dire que le théâtre était plein ; on n'y avait jamais vu tant de
monde. Les balcons, les loges, le parterre étaient littéralement encombrés
on s'y était entassé comme on avait pu. Aussi quels bravos, quels trépignements enthousiastes éclatèrent de toutes parts au lever du rideau, quand on
vit ces décors resplendissants que Bernault avait fait faire tout exprès pour
représenter convenablement l'*Orphelin de la Chine*. Il était bien heureux, le
pauvre directeur, et bien dédommagé du mal qu'il s'était donné pour at-
teindre ce résultat ; aussi jugeant de l'avenir par le présent, il bâtissait déjà de
superbes châteaux en Espagne, châteaux qu'un malheur public vint tout-à-coup
renverser, ou tout au moins compromettre, en interrompant brusquement
toute espèce de réprésentation.

Nous voulons parler de l'attentat qui fut commis sur la personne de

Louis XV. Cette tentative avait, en effet, tellement affecté le pays que jusqu'au moment où le roi entra en convalescence, la France avait été pour
ainsi dire couverte de deuil. Mais aussitôt qu'on eut appris que la blessure
n'était que légère et que tout danger pour la vie du prince avait disparu,
partout on voulut témoigner sa joie, et Bernault n'eut garde d'être le dernier.

Dès le 11 janvier il demanda la permission de rouvrir le théâtre, qui
était fermé depuis huit jours, et de donner une seconde représentation de
l'*Orphelin de la Chine*. À l'appui de sa demande il présentait un mémoire
des dépenses qu'il avait été obligé de faire pour la mise en cène de cette
pièce ; dépenses qui s'étaient élevées à la somme de 1,325 liv. 11 sols.

En considération de ces dépenses et du dommage que la fermeture du
théâtre lui avait causé, il demandait en outre au lieutenant-général de
police, qu'à titre d'indemnité, il lui fût permis d'augmenter *d'un tiers* le prix
des places et de retirer du greffe, où il l'avait déposée, le 30 décembre, la
somme de 257 liv. 10 sols provenant de l'augmentation qu'on l'avait forcé
de recevoir les 28 et 29 dudit mois.

Toutes ces demandes ayant été favorablement accueillies, Bernault toucha
les 257 liv. 10 sols, augmenta le prix des places d'un tiers et donna la
seconde représentation de l'*Orphelin de la Chine*, le 14 janvier.

Ce soir-là, à la fin du spectacle, Bernault annonça au public que le sur-
lendemain, qui était dimanche, il donnerait au théâtre un grand bal en
signe de réjouissance de la convalescence du Roi.

Mais, dès le lendemain, une sentence de police vint lui apprendre qu'il
n'était permis à quiconque de se réjouir sans l'ordre ou au moins sans la
permission du lieutenant-général, car elle défendait formellement d'annoncer, d'afficher ni donner aucun bal « sans la permission du siége de
» police et spécialement sous le prétexte de la convalescence du Roi, jus-
» qu'à ce que cette convalescence ait été annoncée et qu'actions de grâces
» soient rendues à Dieu et le *Te Deum* chanté. »

Cependant, à la fin il fut permis de se réjouir, et Bernault n'eut garde d'y
manquer, car nous voyons que, jusqu'au 7 avril, il ne donna pas moins de
sept bals (1).

(1) Police du Bailliage, 7 avril 1757

Nous ne suivrons point Bernault dans sa carrière dramatique sur le théâtre de Rouen ; mais nous devons à son honneur de dire qu'il fut le premier administrateur sérieux qui ait su se maintenir au jeu de paume des Deux-Maures et qui y ait apporté les notables améliorations dont il avait besoin. Nous aurions pu nous étendre plus longuement sur sa direction, si nous n'avions craint de répéter ce qui a déjà été imprimé dans l'*Histoire des Théâtres de Rouen*. Bernault termina sa direction par la tragédie d'*Almanzor* qui fut jouée le 2 juillet 1771 (1). Ajoutons seulement que deux sentences de police nous apprennent : 1° que le 14 décembre 1762, au moment où l'on allait commencer la représentation du *Médisant*, une querelle s'éleva au parterre et suspendit pendant quelques instants la séance, et 2° que le vendredi, 28 octobre 1763, on jouait le *Magnifique* et *Cithère assiégée*, et que la foule étant grande au parterre, plusieurs jeunes gens qui faisaient *des flots* furent arrêtés, conduits en prison et condamnés chacun en 50 liv. d'amende.

A Bernault succéda Chevillard, dont nous ne dirons rien non plus parce que, devenu l'un des propriétaires de la nouvelle salle du théâtre de Rouen, tout ce qui le concerne a été dit dans l'histoire déjà citée ; cependant, avant de terminer cette notice, nous croyons devoir parler de quelques faits que l'auteur anonyme dont s'agit paraît avoir ignorés.

Ainsi, le 28 avril 1770, une sentence de police avait défendu de mettre plus de 400 personnes au parterre, et comme, en 1773, Chevillard avait contrevenu à cette sentence qui avait été rendue contre Bernault, il fut rappelé à son exécution par une nouvelle sentence du 23 avril 1773 qui le condamnait à 50 liv. d'amende par contravention, avec restitution au profit des hospices des sommes qui seraient perçues sur chaque personne au-dessus de 400 ; et pour éviter la confusion, cette sentence ordonnait que les billets seraient changés chaque jour ; et, en cas de trouble au spectacle, elle chargeait les commissaires de police d'y mettre ordre.

La nouvelle salle devant être inaugurée le 29 juin 1776, le lieutenant-général de police rendit, aux dates des 26 et 28 juin, deux ordonnances, la première, en reconnaissant, d'après les experts, que l'état de la nouvelle salle ne laisserait rien à désirer après que des réservoirs d'eau auraient été

(1) Police du Bailliage, 2 juillet 1771.

établis, fixait les prix des places ainsi : les premières et orchestre à 3 liv.—
les secondes loges et galeries à 30 sols, — les troisièmes loges 20 sols, — les
quatrièmes à 12 sols, et le parterre à 15 sols.

C'était, comme on le voit, une assez forte diminution sur les prix anciens.

La seconde ordonnance tendait à prévenir tout encombrement de voitures
aux abords du théâtre. Elle ordonnait aux cochers de prendre la file par la
rue de la Savonnerie jusqu'à la place de la Basse-Vieille-Tour et sur le
quai de Luxembourg.

Cette première année théâtrale devait être close à la fin de la quatrième
semaine du carême de 1777 ; mais, afin de la prolonger, Chevillard eut
l'idée de profiter des vacances des théâtres de Paris pour appeler à Rouen
les bons acteurs de la capitale et donner des représentations pendant la
semaine de la Passion. Puis, prévoyant que cet expédient, qui lui avait été
suggéré par le public, l'entraînait à des dépenses considérables, en demandant l'autorisation de donner des représentations durant la semaine de la
Passion, il demanda aussi la permission d'augmenter le prix des places d'un
tiers en sus.

Ces deux permissions lui ayant été accordées, il commença dès le samedi
de la quatrième semaine, c'est à dire le 15 mars.

C'était l'introduction d'un usage nouveau qui devait se continuer et se
continua en effet tous les ans à pareille époque pendant plusieurs années.

Des plaintes de toute nature s'étaient produites contre Chevillard pendant
cette première année, à l'occasion des abus et des désordres qui se commet-
taient à l'intérieur. Déjà une cabale s'était formée contre le directeur. Pour
remédier au mal, le lieutenant-général de police, au moment où l'année
théâtrale allait finir, et le 13 mars 1777, rendit l'ordonnance suivante :

« Malgré les précautions prises, au mois de juin dernier, pour maintenir
» le bon ordre dans l'intérieur de la salle des spectacles, il se trouve encore
» des objets qui n'ont pas été réglés.

« En conséquence, il est dit : 1° que défenses sont faites au directeur du
» spectacle et à ses préposés d'y faire garder ou souffrir qu'il soit gardé
» aucune place pour qui que ce soit dans le parquet, les loges et les ga-

» leries ; 2° défenses à lui faites et à ses préposés de délivrer plus de 480
» billets de parterre, de souffrir, sous quelque prétexte que ce soit, qu'il
» entre un plus grand nombre de personnes, lesquels billets de parterre le
» directeur et ses préposés seront tenus de changer tous les jours ; 3° dé-
» fenses sont faites aux mêmes de faire ouvrir la salle et d'y recevoir et
» placer ceux qui se présenteront avant quatre heures de relevée, et cepen-
» dant l'ouverture des bureaux pour la distribution des billets pourra être
» faite dès deux heures; 4° il est enjoint aux préposés du directeur, à l'ou-
» vreuse des loges, de les ouvrir sans aucune distinction à tous ceux et celles
» qui les en requerront, à l'exception néanmoins des loges qui seront
» louées et dont le directeur sera tenu de nous faire parvenir la note signée
» de lui tous les jours de spectacle avant deux heures de relevée; 5° dé-
» fenses sont faites à *tous domestiques et autres qui ne peuvent entrer* au spec-
» tacle, de rester dans le péristyle de la comédie, et leur enjoint de se
» placer au dehors et au-devant des portes d'entrée, sans y causer d'em-
» barras. »

Et l'année suivante, le 27 avril 1778, intervint encore une ordonnance
de police ainsi conçue :

« Malgré les réglements faits pour rétablir l'ordre dans la salle des spectacles pendant les représentations, il est des personnes qui ne s'y présentent
que pour troubler la tranquillité qui y doit régner, soit en faisant tapage, soit
en sifflant les acteurs et actrices qu'elles n'adoptent point, soit en faisant
des demandes auxquelles le directeur ne peut adhérer. Telle a été la scène
qui s'est passée à la dernière représentation. Et comme le procureur du Roi
est informé que nombre de personnes ont formé le projet d'interrompre le
spectacle qui doit commencer demain; jusqu'à ce que le directeur ait ac-
quiescé à leur demande :

« Défenses sont faites à toutes personnes de troubler le spectacle sous
» quelque prétexte que ce soit, à peine de 100 liv. d'amende et de prison. »

Nous n'avons donné ces ordonnances de police que pour montrer le
dégré d'organisation auquel était parvenu le théâtre depuis l'inauguration
de la nouvelle salle ; et il faut convenir que s'il était urgent d'organiser une

bonne police à l'intérieur pour réprimer les abus et les désordres, il n'était pas moins nécessaire de prendre des mesures contre les filoux qui s'y donnaient rendez-vous ; car dans la seule soirée du 1er février de cette année 1778, il fut constaté : qu'une tabatière en or avait été prise dans la poche d'un sieur de Boiscertain ; que le sieur Leblanc avait été volé de sa montre en argent damasquinée en or ; qu'on avait volé au sieur Bernay, maréchal des logis du régiment royal étranger, une montre en argent ciselé ; qu'une tabatière capucine en écaille cerclée d'argent avait été prise dans la poche du sieur Ydury, libraire ; que la montre en or d'un sieur Sautelet lui avait été enlevée ainsi qu'une autre montre en or à un sieur Barré. Ce n'était pas trop mal pour une seule soirée, et si toutes se ressemblaient, il faut avouer que le théâtre avait bien ses inconvénients.

Avec l'année 1778, la direction de Chevillard prit fin.

Le 14 janvier 1779, le sieur Honoré Bourdon de Neuville et la demoiselle Marguerite Brunet de Montansier, obtinrent du duc d'Harcourt le *privilége exclusif* des spectacles de la Haute et Basse-Normandie ; et puisque nous avons déjà donné le texte de plusieurs actes, nous allons encore publier celui-ci, malgré son étendue.

« Nous François-Henry duc d'Harcourt, comte de Lillebonne, marquis de Beuvron et de Miremont, seigneur du duché de Roumois, baron de Beaufou et de Saint-Aubin-le-Bizay, grand bailli de Rouen, lieutenant-général des armées du Roi, gouverneur et son lieutenant général en la province de Normandie.

« Sur le bon et louable rapport qui nous a été fait des sieur honoré Bourdon de Neuville et demoiselle Marguerite Brunet de Montansier, de leur intelligence, capacité et expérience et bonne conduite dans la direction des spectacles dont il ont été et sont chargés, et dans la pratique du théâtre qu'ils ont exercée pendant nombre d'années.

« A ces causes, leur avons donné et accordé et par le présent leur donnons » et accordons le prévilége exclusif des spectacles de la Haute et Basse- » Normandie (1), à l'effet de représenter et de faire représenter dans les

(1) Si, comme on la dit, Suain l'avait obtenu avant eux, il y aurait ici ces mots :

» villes de l'étendue de notre Gouvernement, les tragédies, comédies fran-
» çaises et italiennes, opéras sérieux, comiques et bouffons, et généralement
» tous les spectacles publics à huisclos, comme aussi de donner des bals et
» redoutes dans les temps usités, en se conformant aux ordonnances et rè-
» glements de police ; lequel privilége nous entendons que lesdits sieur de
» Neuville et demoiselle de Montansier fassent valoir par eux mêmes con-
» jointement ou séparément, ou par préposés quant ou spectacle de Rouen,
» et par concession ou autrement dans les autres villes de notre gouver-
» nement ; et qu'ils jouissent seuls et exclusivement à tous autres dudit
» privilége et des prérogatives y attachées, pendant le cours de neuf
» années consécutives, à commencer de Pâques de l'année présente 1779
» jusqu'à Pâques de l'année 1788, à la charge par les dits sieur de Neuville
» et demoiselle de Montansier *de tenir un spectacle permanent dans la ville de*
» *Rouen pendant toute l'année* aux jours accoutumés, *à moins qu'ils ne nous jus-*
» *tifiassent que la dépense excèderait la recette et qu'ils ne pourraient le continuer*
» *sans en éprouver une perte réelle ;* auquel cas nous leur permettrions de le
» suspendre et à la charge par eux de satisfaire le public tant de la dite
» ville de Rouen que de celle de Caen et des autres villes où il y aurait
» spectacle, parce qu'autrement nous leur retirerions le dit privilége que
» nous ne leur avons accordé qu'à cette condition, leur recommandant
» expressément de ne rien négliger pour faire un service satisfaisant. Man-
» dons et ordonnons, etc., ... leur accordons, en outre, le privilége
» exclusif du Café de la Comédie de Rouen.

« En foi de quoi nous avons à ces présentes, signées de notre main , fait
» apposter le sceau de nos armes et icelles contresigner par notre premier
» secrétaire. — Fait à Paris, le 14 janvier 1779.

« Signé : Le duc DE HARCOURT. »

Peu de jours après l'obtention de ce privilége , le 4 février, devant les
notaires de Paris, la demoiselle de Montansier cédait son privilége à Bourdon de Neuville et, le 20 du même mois , ce dernier la faisait enregistrer

Que tenait et exerçait ; or ces mots n'y étant pas, nous en concluons que de Neuville et
la demoiselle de Montansier sont les premiers qui aient obtenu *ce privilége général*
pour la Normandie.

au Bailliage de Rouen ; ce même jour il obtenait du lieutenant-général de police une sentence portant :

« Nous avons permis audit Bourdon de Neuville de tenir le spectacle à Rouen, à commencer le lendemain de la Quasimodo. . . . à la charge de ne donner aucunes pièces et représentations qui soient contre le respect dû à la religion, aux bonnes mœurs et qui soient contre la décence et l'honnesteté publiques, et parce que nulle pièce ne sera donnée qu'elle n'ait été comprise *dans le répertoire qui nous sera remis tous les mois et de nous arrêté*. Et dans le cas de pièces nouvelles, elles ne pourront être données *qu'elles n'aient été examinées par le censeur que sera par nous indiqué* pour ensuite *être permises et données au public s'il y échoit.* »

Jusqu'à Bourdon de Neuville, aucun directeur du théâtre de Rouen n'avait été en position d'avoir un régisseur ; mais de Neuville ayant, sans compter les divers théâtres de la province, à s'occuper encore avec la d^lle de Montansier, qui devint son épouse, des nombreux théâtres de Paris et de Versailles dont elle avait la direction, de Neuville, disons-nous, se donna un régisseur ; ce fut à un sieur Caumont qu'il confia ce poste important et périlleux.

On se souvient que, depuis 1777, il était d'usage de prolonger l'année théâtrale en donnant des représentations durant la semaine de la Passion, avec le concours des acteurs de Paris, et de tiercer le prix des places pour couvrir les frais extraordinaires que ces acteurs occasionnaient.

Bientôt on étendit la mesure du tiercement, et chaque fois qu'un acteur de Paris, un peu connu, montait sur le théâtre de Rouen, le prix des places était augmenté.

Dès le 23 juin 1780, le régisseur Caumont avait su obtenir du lieutenantgénéral une sentence qui consacrait ce principe.

Cependant, en 1782, à l'occasion de l'arrivée à Rouen de la d^lle Sainval, l'aînée, le tiercement demandé par Caumont fut refusé obstinément ; en vain le régisseur fit valoir que le public désirait ardemment d'entendre cette actrice, et que celle-ci n'avait consenti à jouer que parce qu'elle percevrait le tiercement à son profit, rien ne put fléchir le lieutenant-général de police, le même pourtant qui avait rendu la sentence de 1780 ; il fallut donc recourir au Parlement, et le 6 février, le Procureur général de Belbeuf accorda la permission de tiercer les prix, à la condition que la d^{lle} Sainval donnerait douze représentations, et qu'en outre, elle en donnerait deux de plus, qui seraient au profit des hospices.

La d^{lle} Sainval accepta ces conditions.

Depuis 1776, qu'était devenue l'ancienne salle des spectacles, le vieux jeu de paume des Deux-Maures si rudement ébranlé par la construction du nouveau théâtre ? Il végétait ; car il n'avait point été complètement abandonné, comme on pourrait le croire ; son propriétaire, le sieur Haillet de Couronne, mettait tous ses efforts à en tirer le meilleur parti possible : dès 1777, il tenta de lutter contre le nouveau théâtre en essayant de raffraîchir le sien par quelques badigeonnages, et par certains travaux au moyen desquels il doubla le nombre des places des loges en supprimant les corridors et les dégagements intérieurs qui étaient déjà trop étroits ; puis il y appela, le plus souvent qu'il en put trouver l'occasion, des comédiens ambulants, des physiciens, des acrobates ; il y donna même des bals ; Chevillard lui-même, et Bourdon de Neuville, ensuite, ne dédaignèrent pas, dans certaines circonstances, d'y donner des représentations.

Pourtant il vint un moment où tout cela devait finir ; l'influence du sieur Haillet de Couronne, en sa qualité de lieutenant-général criminel, avait bien pu, quelques années durant, étouffer les plaintes ou les neutraliser ; mais elle n'était pas assez forte pour lutter contre une coalition.

Au mois d'octobre 1781, les propriétaires adjacents de l'ancienne comédie, d'une part, les maire et échevins de la ville, d'une seconde part, et les propriétaires en commun de la nouvelle salle des spectacles, d'une troisième part, attaquèrent tous à la fois le sieur Haillet de Couronne pour l'obliger à fermer son vieux jeu de paume ; les voisins disaient : « qu'à peine délivrés » par l'établissement de la nouvelle salle, des alarmes continuelles que leur » causait la fréquentation de l'ancienne, ils ne pouvaient voir les tentatives » du dit sieur Haillet de rétablir cet ancien bâtiment à usage de spectacle » sans dénoncer cet abus à la Cour. » — Les propriétaires du nouveau théâtre faisaient valoir leur privilége et le préjudice qui résulterait pour

eux d'un retour du public à l'ancienne salle, puisque ce retour diminuerait
la valeur locative de leur immeuble ; et enfin, les maire et échevins dé-
claraient que la construction de la nouvelle salle ayant eu lieu sur leur
demande et par suite des plaintes du public contre les incommodités de
l'ancienne, ils intervenaient dans le débat pour donner adjonction à la demande des propriétaires du nouveau théâtre auxquels ils devaient garantie.

A tant d'adversaires, le sieur Haillet de Couronne répondait magistrale-
ment : « qu'il voudrait bien savoir si les frayeurs de ses voisins, *parmi lesquels*
» *se trouvait le sieur Defontenay, échevin de la ville de Rouen*, sont des raisons
» suffisantes pour interdire à un propriétaire l'usage de sa propriété *qui n'a*
» *point varié depuis un siècle*, et où il n'arriva jamais d'incendie? Et si mes-
» sieurs de l'hôtel-de-Ville ont le droit d'intervenir *aux frais de la commune*
» dans un procès entre particuliers qui n'intéresse point cette commune. »

L'affaire se présenta dans cet état devant la chambre des requêtes du
Palais et, après deux jours de plaidoiries, Thouret plaidant pour les propriétaires du nouveau théâtre, cette Cour rendit une sentence, le 6 mai
1782, qui donnait gain de cause au sieur Haillet de Couronne.

Est-il besoin de dire que cette sentence fut frappée d'appel, et que bientôt
toutes les parties se retrouvèrent devant le Parlement ; mais là, les choses
changèrent de face ; d'abord un premier arrêt, faisant droit à la demande
des adversaires du sieur Haillet, ordonna que l'ancien théâtre serait vu et
examiné sur tous les points signalés, c'est-à-dire au point de vue de la
solidité, et des dangers d'incendie qu'il pouvait présenter : cet arrêt est du
22 mars 1784; il y avait deux ans que l'on échangeait des actes de procédure
et, Dieu sait combien il y en eut ! il faut lire cet arrêt d'un bout à l'autre pour
s'en rendre compte; que d'incidents, que de conclusions et que de mémoires
imprimés surtout, car chacun en publia deux ou trois en réplique et duplique.

Un fait assez curieux dans ce procès, c'est que Bourdon de Neuville, qui
n'y figurait pas, y avait cependant un *intérêt commun* avec le sieur de Couronne, qui lui contresignifiait les actes de procédure avec cette mention :
pour par lui prendre tel parti qu'il avisera bien ; mais de Neuville prit celui de
ne se mêler en rien au procès et de laisser faire ; il avait un bail avec le

sieur de Couronne, mais il y tenait peu, bien qu'il donnât de temps à autre des représentations dans l'ancienne salle et que, au cours même du procès, les propriétaires du nouveau théâtre se crurent obligés de lui rappeler que ces représentations dépréciaient la valeur de leur immeuble et quelles étaient contraires aux stipulations du bail.

Enfin l'expertise ordonnée le 22 mars 1784 ayant de tout point justifié les craintes et les demandes tant des voisins que des propriétaires du nouveau théâtre et des maire et échevins, le Parlement rendit, à la date du 18 juin 1784, un arrêt qui défendait au sieur Haillet de Couronne et à tous autres de donner, ni souffrir qu'il soit donné aucuns grands spectacles, bals et feux d'artifice dans l'ancienne salle de la comédie, jusqu'à ce qu'il eût fait faire toutes les réparations indiquées par les experts.

Cet arrêt porta un coup décisif à l'ancienne salle; car son propriétaire n'ayant point jugé dans son intérêt d'y faire les travaux indiqués, se contenta d'y recevoir des physiciens et des acrobates jusqu'à ce que l'occasion se présentât d'en tirer un meilleur parti; cependant, en 1787, une petite troupe de comédiens ayant pour chef un sieur Chiarigny, y joua encore la comédie le 10 juin, en vertu d'un privilége accordé par le duc d'Harcourt; il y eut même entre Chiarigny et la d^lle de Montansier un procès que cette dernière perdit; elle avait, en vertu de son privilége, fait saisir la recette de Chiarigny, qui se montait à 71 liv., mais elle dut la rendre.

Ainsi se termina l'existence du jeu de paume des Deux-Maures où, depuis plus d'un siècle et demi, nos aïeux, de temps à autre, allèrent se délasser de leurs rudes travaux; dans cette vieille salle et sur ces vieux siéges, d'illustres personnages ne dédaignèrent pas de venir s'amuser; notre grand Corneille, lui-même, dans sa jeunesse, s'y vint sans doute asseoir quelquefois; on dit que Molière y joua la comédie; à tous ces titres donc il était juste de lui consacrer quelques pages, après avoir montré la première troupe d'acteurs s'installant au *Port de Salut* en 1556, et nous être efforcé de suivre celles qui, plus tard, vinrent jouer la Comédie tantôt au jeu de paume *des Braques*, tantôt à celui *des Deux-Maures*.

E. GOSSELIN.

Rouen. Imprimerie E. CAGNIARD.

www.ingramcontent.com/pod-product-compliance
Lightning Source LLC
LaVergne TN
LVHW022141080426
835511LV00007B/1205